高职生职业价值观及其教育研究

齐永芹◎著

安徽师范大学出版社
ANHUI NORMAL UNIVERSITY PRESS

·芜湖·

图书在版编目（CIP）数据

高职生职业价值观及其教育研究 / 齐永芹著. — 芜湖：安徽师范大学出版社，2023.9
（2024.5重印）

ISBN 978-7-5676-6104-2

Ⅰ.①高… Ⅱ.①齐… Ⅲ.①高等职业教育—职业道德—教学研究②高等职业教育—
教育研究 Ⅳ.①B822.9②G718.5

中国国家版本馆CIP数据核字（2023）第143115号

高职生职业价值观及其教育研究

齐永芹◎著

GAOZHISHENG ZHIYE JIAZHIGUAN JI QI JIAOYU YANJIU

责任编辑：祝凤霞　李　娟　　　责任校对：李晴晴

装帧设计：张　玲　冯君君　　　责任印制：桑国磊

出版发行：安徽师范大学出版社

　　　　芜湖市北京中路2号安徽师范大学赭山校区　　　邮政编码：241000

网　　　址：http://www.ahnupress.com/

发 行 部：0553-3883578　　　5910327　　　5910310（传真）

印　　　刷：苏州市古得堡数码印刷有限公司

版　　　次：2023年9月第1版

印　　　次：2024年5月第2次印刷

规　　　格：700 mm×1000 mm　　1/16

印　　　张：12.25

字　　　数：190千字

书　　　号：ISBN 978-7-5676-6104-2

定　　　价：48.00元

安徽省高校思想政治工作能力提升计划项目(编号:sztsjh-2022-2-22)阶段性成果

安徽省社会科学创新发展研究课题(编号:2022CX201)阶段性成果

安徽省高等学校省级质量工程教研重点项目(编号:2020szjyxm147)阶段性成果

中国管理科学研究院项目(编号:ZGX2021-10)阶段性成果

教育部高校思想政治理论课教师研究专项(编号:20SZK11061001)阶段性成果

芜湖职业技术学院思想政治课示范课堂(编号:2022jcyk02)阶段性成果

职业价值观教育:高职院校高素质
人才培养的突破口
(代序)

　　高职院校的主要职责是培养高素质技术技能型人才，相对于普通高校培养的学术型、理论型人才而言，这一定位有利于明确高职院校人才培养目标。但也正因为这一鲜明的对比性差异，在"高素质"与"技术技能"之间，很容易把人们的关注点吸引到后者上来，而有意无意地忽略"高素质"。"素质"很少有人说不重要，但什么是素质，素质包含哪些内容，如何培养高素质？也同样很少有人能够说清楚。在关于素质的叙事中，我们听到很多关于其重要性、必要性乃至紧迫性的言说，但较少听到或看到如何培养高素质人才等更为现实、更为紧迫、更具操作性问题的研究和论述。齐永芹博士所著的《高职生职业价值观及其教育研究》（以下简称《研究》）一书，就是对这一"话语空场"的一个填补。作者从职业价值观视角对高职院校如何培养高素质人才做出了自己的分析、论证和回答。

　　价值观是关于善恶判断、选择与评价的一种思想观念，职业价值观则是围绕职业选择与评价的观念与准则。相对于职业知识与技能，职业价值观则属于职业素质或素养的范畴，相近或相似的表述还有职业精神、职业道德、职业态度与职业心理等。

　　齐永芹博士把对高职生职业价值观教育的研究建立在深入调查的基础之上。她的调查结果显示当代高职生向往工作创新，持有创业意愿，更加追求工作方式的个性化、灵活性和能动性，更加渴求有较高社会声望、较大晋升空间的职业或岗位，更加注重组织气质，有持守基本职业道德的意愿，渴求创建或加入优良的工作团队。但面对个人渴求的失落，高职生职业创新创业意识不强和吃苦耐压能力不足。这一调查结果为明晰高职生职业价值观教育的主要目标和重点提供了依据。

齐永芹博士的《研究》提出了独具特色的高职生职业价值观及其教育的理论框架和分析工具，她把职业价值观的基本结构分解为主体需要、职业偏好和互动感观三个基本要素，具体细化为生活维护、个性匹配、岗位期望、自我能动、职业声望、晋升知觉、工作创新等11个方面。这些分析和研究，有助于深入理解和准确把握高职生职业价值观的形成过程、影响要素，也为探究职业价值观形成和发展的机制乃至规律做出了积极且有意义的尝试。其中，所揭示的高职生职业价值观形成的六大机制，即行为观察-模仿机制、文化感知-浸润机制、兴趣责任-驱动机制、专业职业-选择机制、环境反应-反馈机制、需要满足-循环上升机制，既有理论之新意，也有实践之价值，它们为高职生职业价值观的教育找到了关键环节和重要节点。更可贵的是，《研究》提出的理论框架、分析工具和形成机制，都实现了从理论到实践的贯通，体现出理论从实践中来，又能够回到实践中去，至少从逻辑上检验和证明了这些理论发现的合理性。至于这一理论能不能有效地指导高职生职业价值观教育的实践，或者说，能够在多大程度上取得这一教育的实效，则是需要在新的实践与理论的互动中继续深入研究的课题。期望作者在已有研究成果的基础上，充分利用在高职院校实际从事马克思主义理论教学和大学生思想政治教育的优势，把对这一理论和实际问题的研究引向深入，并取得更多更丰硕的成果。

齐永芹的《研究》在博士论文的基础上修改出版，作为导师，甚感欣慰，应作者之邀，欣然为序。

安徽师范大学马克思主义学院　朱平

2022年9月28日于文津花园

目　录

第一章 绪 论

作为国家教育体系重要组成部分的高等职业教育肩负着为国家、为社会培养具备较高技能、技术素养的劳动者和社会主义事业接班人的历史使命。当前"劳动光荣、技能宝贵、创造伟大"的时代风尚以及"大众创业、万众创新"的政策指针，正日益改变我国社会公民对于职业教育的偏颇认知。需要指出，在相当长一段时期内，人们对于职业教育的偏颇认知与对职业教育的重新审视和定位并存于我国社会公民的职业认知观念之中，有时二者还可能存在冲突。在这一背景下，我国高等职业院校大学生（以下简称"高职生"）的职业价值观也将表现出与时代背景相对应的新现象、新特点、新问题。

第一节 研究背景与意义

一、研究背景

职业价值观是人们进行职业抉择、从事职业活动的"总开关"，是人们衡量自身职业角色定位及其被认可和接纳程度的"核心标尺"，是促进或阻滞人们职业生涯发展的主体内在的关键要素。目前国内外已有很多学者对职业价值观进行了研究，但这些研究仍然存在一定的不足。本书以量化研究和质化研究相结合的方法，力图为高职生职业价值观的测量和教育发展尽绵薄之力。本研究的选题缘由主要在于以下三个方面。

（一）源于缓解就业市场上就业难和用工荒并存问题的需要

就业市场上就业难和用工荒并存，技工短缺现象突出，这反映出我国就业的结构性矛盾。结构性矛盾实际上就是不匹配的问题，如岗位和人之间的不匹配、地域上的不匹配等①。为了改善这种状况，也为了使"中国制造"升级为"优质制造"，教育部将对全国600多所地方本科高校实行转型，向职业教育类型转。另外，教育部还将完善中职、专科高职、本科高职和专业学位研究生四个培养层次，努力实现技术技能人才培养的系统化②。截至2015年，全国已有1341所独立建制的高职院校，当年高职招生348万人，毕业322万，在校生1048万，在高等教育中占比41.2%，并且全年为社会提供超过2000万人次的技术技能培训③。高等职业教育为促进我国社会经济发展正日益发挥重要作用。高等职业教育目前主要指专科层次的教育，随着转型带来的本科层次和研究生层次高职生的增加，高职生的规模会不断扩大。但当前的实际情况是部分高职生不能进行准确的职业定位，不知道哪种选择是"使人类和他自己趋于高尚"④的选择。在这种情况下，以马克思主义职业观来引导高职生树立坚定正确而清晰的职业价值观，对缓解就业市场中的用工荒和就业难问题至关重要。

（二）源于部分高职生职业价值观迷失的现状

在高职院校从事教学工作和担任辅导员的过程中，笔者发现很多高职生不了解自己的专业，虽然一些高职院校在入学报到时可以调换专业，但很多高职生不知道该选择哪个专业或者多倾向于选择据说就业前景较好的专业。这种情况的出现在一定程度上与他们的成长环境有关。对2011~2015届高职院校毕业生的家庭背景进行分析发现，高职院校中农家子弟的

---

① 冯华,王晓晔.当就业难遭遇用工荒[N].人民日报,2015-06-05(17).

② 鲁昕.深化高等职业教育改革创新:在全国高职高专校长联席会议2015年年会上的讲话[EB/OL].(2015-12-28)[2018-01-12].https://gaokao.eol.cn/.

③ 高靓.高职教育已成高等教育半壁江山[N].中国教育报,2016-06-29(001).

④ 马克思恩格斯全集:第1卷[M].北京:人民出版社,1995:455.

比重逐年上升，2015届已经达到53%[①]。不少农村生源地的高职生和他们的家长无法通过一个相对可靠的途径进行咨询和选择，所以就根据成绩随意选择了一个学校中的一个专业。还有一些高职生的专业是父母选的，自己并不喜欢，再加上其他因素的影响，导致他们从一开始就对自己的专业以及将来的职业选择疑虑重重，个别学生甚至因此放弃了自己的学业。此外，还有些学生得过且过，有些学生在徘徊和犹豫中度过了两年半的学校生活。这些学生实习时就开始抱怨找不到专业对口或待遇丰厚的工作，开始了频繁的跳槽，这对高职生的职业发展非常不利。本书的研究成果可以为高职院校的教师提供参考，使他们能帮助高职生树立正确的职业价值观。这不仅有助于有效地逐步解决我国高职生就业质量低的问题，在一定程度上还有助于减少高等职业教育资源的浪费。

（三）源于高职生职业价值观教育缺失

当前，虽然社会、学校和家庭都在对高职生进行职业价值观教育，但都不够系统或存在误区。以笔者所了解的部分高职院校的教育为例，高职院校的就业指导课程侧重于讲授就业形势和传授择业方法等，心理健康课程侧重于讲授心理健康教育的相关理念和介绍高职生保持心理健康的方法等，思想政治教育工作侧重于高职生的日常事务性工作等。这些课程或工作都在一定程度上忽视了高职生职业价值观的教育或并未真正找到高职生职业价值观教育的有效途径，最终导致不少高职生择业或创业时只看重薪资高低而忽视了职业的其他属性，因此，我们要全方位地加强高职生职业价值观的教育。

二、研究意义

本书有助于丰富马克思主义价值观及其教育的理论研究。研究青年学生（本书侧重研究高职生）职业价值观的结构解析、形成过程、影响因素、形成机制、主要特点及其教育等问题，将有助于丰富马克思所提出的

---

① 翟帆.帮院校认清差距 助社会了解高职[N].中国教育报，2016-07-19(3).

为"人类的幸福和我们自身的完美"①而选择工作的职业价值观思想。本书的研究意义主要体现在以下几个方面：通过价值哲学视角的解析可以帮助人们更清晰地了解职业价值观的结构；通过高职生职业价值观形成和发展的分析可以帮助人们更清晰地了解高职生职业价值观的形成过程、影响因素以及形成和发展的机制；通过高职生职业价值观现状和特点的分析可以帮助人们更清晰地了解高职生职业价值观存在的主要偏差、高职生的发展及其对职业价值观的影响以及高职生职业价值观的主要特点；通过高职生职业价值观量表的测量可以帮助高职生全面了解自己的职业价值观现状，并在人生规划中逐步形成正确的职业价值观；通过高职生职业价值观教育的探讨可以为相关教育工作者开展高职生职业价值观的教育工作提供一些可以借鉴的方法和思路。研究当代高职生的职业价值观，有助于改善职业价值观研究的薄弱环节，有助于引导当代高职生牢固树立坚定正确而清晰的职业价值观，这在一定程度上有利于缓解就业难和技工荒的矛盾，还有利于社会主义核心价值观的弘扬和社会主义和谐社会的构建。

第二节　高职生职业价值观研究进展

本节主要从职业价值观的概念、结构、测量和教育等方面，对国内外关于职业价值观，特别是高职生职业价值观的研究加以综述。

一、国内研究现状

（一）职业价值观概念

国内的许多研究者提出了自己关于职业价值观的看法。黄希庭等认为，职业价值观是人生价值观的一个重要方面，它是人们对社会职业的需

---

① 马克思恩格斯全集：第1卷[M].北京：人民出版社，1995：459.

求所表现出来的评价[①]。宁维卫认为，职业价值观指人们衡量社会上各种职业优势、意义和重要性的内心尺度[②]。凌文辁等认为，"职业价值观"是价值观在职业选择上的体现[③]。余华等认为，职业价值观是人们衡量社会上某种职业的优劣和重要性的内心尺度[④]。于海波等认为，职业价值观是人们依据自身的需要对待职业、职业行为和工作结果的比较稳定的、具有概括性和动力作用的一套信念系统[⑤]。喻永红等认为，职业价值观是人们依据自身的需要对待职业、职业行为和工作结果的比较稳定的、具有概括性动力作用的一套信息系统[⑥]。金盛华等认为，职业价值观是个体评价和选择职业的标准[⑦]。周锋认为，职业价值观就是依据个人自身需要，对职业（或工作）属性的总体评价和看法[⑧]。刘海燕认为，职业价值观是价值观谱系重要的组成部分，是人们进行职业选择和职业评价的具体标准和根本尺度，是价值观在职业活动中的具体表现[⑨]。

（二）职业价值观结构

国内学者在借鉴国外研究成果的基础上结合我国的实际情况，从不同

[①] 黄希庭,张进辅,李红,等.当代中国青年价值观与教育[M].成都:四川教育出版社,1994:235.

[②] 宁维卫.中国城市青年职业价值观研究[J].成都大学学报（社会科学版）,1996(4):10-12,20.

[③] 凌文辁,方俐洛,白利刚.我国大学生的职业价值观研究[J].心理学报,1999(3):342-348.

[④] 余华,黄希庭.大学生与内地企业员工职业价值观的比较研究[J].心理科学,2000(6):739-740.

[⑤] 于海波,张大均,张进辅.高师生职业价值观研究的初步构想[J].西南师范大学学报（人文社会科学版）,2001(2):61-66.

[⑥] 喻永红,李志.当代大学生职业价值观的特点与教育对策研究[J].教育探索,2003(12):42-44.

[⑦] 金盛华,李雪.大学生职业价值观:手段与目的[J].心理学报,2005(5):650-657.

[⑧] 周锋.价值哲学视域的职业价值观[J].河北大学学报（哲学社会科学版）,2014(5):9-13.

[⑨] 刘海燕.新时代高职学生职业价值观发展特征及教育对策研究[D].大连:大连理工大学,2021:29.

的角度对大学生职业价值观的结构进行了划分。赵喜顺率先把青年的职业观划分为以社会利益为重的职业观、把兴趣爱好放在首位的职业观、单纯经济观点的职业观以及追求声望和舒适的职业观[①]。宁维卫把青年的职业价值观归类为："内在职业价值""外在职业价值"和"外在报酬"[②]。郑伦仁等用5种尺度来概括职业价值观，包括进取心、自主性、经济价值、声望和工作安定性[③]。凌文辁等把职业价值观分为三个主因素：声望地位、发展、保健[④]。于海波等认为：职业价值观包括愉悦、自我提高、人际关系、家族、贡献、威望、物质和环境[⑤]。王垒等认为，大学生看重的工作价值观呈现4因子的结构模型，分别是：经济报酬与工作环境、个人成长与发展、组织文化与管理方式、社会地位与企业发展[⑥]。俞宗火等认为硕士研究生职业价值观可以概括为：保健、人际交往、声望地位和自我实现4个因素[⑦]。金盛华等认为大学生职业价值观包括"目的性职业价值观"和"手段性职业价值观"[⑧]。孟续铎认为大学生职业价值观包括："社会声望与地位""工作软环境与个人发展成就""工作硬环境与职业安全""成长机会与贡献""工作内在价值""有职有权""福利与保障"和"自由与经

① 赵喜顺.论青年职业观的引导[J].青年研究,1984(3):53-54.

② 宁维卫.中国城市青年职业价值观研究[J].成都大学学报（社会科学版）,1996(4):20.

③ 郑伦仁,窦继平.当代大学生职业价值观的定量比较研究[J].西南师范大学学报（哲学社会科学版）,1999(2):70-75.

④ 凌文辁,方俐洛,白利刚.我国大学生的职业价值观研究[J].心理学报,1999(3):344.

⑤ 于海波,张大均,张进辅.高师生职业价值观研究的初步构想[J].西南师范大学学报（人文社会科学版）,2001(2):61-66.

⑥ 王垒,马洪波,姚翔.当代北京大学生工作价值观结构研究[J].心理与行为研究,2003(1):23-28.

⑦ 俞宗火,滕洪昌,戴海崎,等.当代硕士研究生职业价值观研究[J].应用心理学,2004(3):37-40,46.

⑧ 金盛华,李雪.大学生职业价值观:手段与目的[J].心理学报,2005(5):650-657.

济报酬"等①。吕厚超等认为大学生职业价值观包括:"发展促进""家庭关照""职业保健""企业状况""人事状况""个人声望""企业声望"和"生活享受"②。张文毅等构建了职业价值观结构的三个基本层面:"目的""手段"和"规则"③。陈浩等认为大学生职业价值观的结构可由"才能发挥""自我实现""社会地位与声望""工作环境与福利保障"4个因子组成④。黄雪娜等认为大学生职业价值观包括:"成长发展""人际和谐""面子声望""务实重利""安逸满足""奉儒守德""孝亲敬老"和"集体主义"⑤。周锋把大学生职业价值观分为:"安稳需要""家庭需要""发展需要"和"尊重需要"⑥。袁欣怡等认为"90"后创业者职业价值观由"社会责任感""兴趣导向""个性追求"和"自我实现"4个维度构成⑦。余卉等认为,高校毕业生职业价值观结构由自我特质需要、成长发展需要、福利保障需要、工作环境需要、声望地位需要、自我价值需要、家庭情感维护需要、文化维护需要等组成⑧。刘海燕尝试将职业价值观的结构划分为经济价值、自我价值、声望价值和社会价值4个维度⑨。

① 孟续铎.2006年北京地区大学应届毕业生职业价值观调查研究[J].人口与经济,2007(1):42-43.

② 吕厚超,缪黎.大学生职业价值观问卷的初步编制[J].中国青年研究,2008(3):67-69.

③ 张文毅,李汉邦,王建军.大学生职业价值观基本层面结构的实证研究[J].北京体育大学学报,2011(1):77-78.

④ 陈浩,李天然,马华维.当代大学生职业价值观现状研究[J].心理学探新,2012(6):553-559.

⑤ 黄雪娜,金盛华.大学生职业价值观结构的本土化研究[J].学习与探索,2013(2):36-40.

⑥ 周锋.大学生职业价值观内部结构探析[J].河北大学学报(哲学社会科学版),2015(1):138-139.

⑦ 袁欣怡,丁婉玲.90后创业者职业价值观维度结构研究及量表开发[J].科技进步与对策,2016(14):142-147.

⑧ 余卉,胡子祥.城镇化进程中的高校毕业生职业价值观结构研究[J].黑龙江高教研究,2019(12):126-130.

⑨ 刘海燕.新时代高职学生职业价值观发展特征及教育对策研究[D].大连:大连理工大学,2021:30.

综上所述，国内学者根据不同的划分标准对职业价值观的内部结构作出了不同的划分，在一定程度上丰富了对大学生职业价值观结构的探索，但划分的类型有两分法、三分法以及多分法等，至今还未能达成共识。国内学者多从心理学的视角进行了研究，从价值哲学视角研究的较少。

（三）职业价值观测量

凌文辁等建构的《我国大学生职业价值观量表》共包含22个职业价值观条目，除了"能提供受教育机会"的条目因子载荷为0.38以外，其余条目的因子载荷均在0.48以上，但作者没有报告量表的信度和效度[①]。郑伦仁等以Super编制、宁维卫修订的《职业价值观量表》为工具，进一步对量表进行修订，并报告了量表的信度和效度[②]。阴国恩等编制的《大学生职业价值观量表》具有较高的信度，但作者没有报告量表的效度[③]。于海波自编的高师生职业价值观问卷的所有题项的样本充足度的KMO系数介于0.745～0.933，并且大部分在0.850以上；Bartlett球形检验的卡方值为0.990，显著性水平为0.000，因此说明此样本适宜于因子分析；问卷各维度之间一致性较好，问卷重测信度较好，问卷分半信度也较好，问卷的结构效度合理。总之，问卷具有良好的信度和效度[④]。金盛华等编制的大学生职业价值观问卷，包括4个维度共16项的目的性职业价值观和6个维度共18项的手段性职业价值观，并采用AMOS统计软件对手段性职业价值观和目的性职业价值观进行模型拟合，具有良好的模型拟合度[⑤]。王苑编制的大学生职业价值观量表包含7个因素且每个因素的α系数都在0.80以上，

---

① 凌文辁,方俐洛,白利刚.我国大学生的职业价值观研究[J].心理学报,1999(3)：342-348.

② 郑伦仁,窦继平.当代大学生职业价值观的定量比较研究[J].西南师范大学学报(哲学社会科学版),1999(2)：70-75.

③ 阴国恩,戴斌荣,金东贤.大学生职业选择和职业价值观的调查研究[J].心理发展与教育,2000(4)：38-43,60.

④ 于海波.高师生职业价值观研究[D].重庆：西南师范大学,2001：18-24.

⑤ 金盛华,李雪.大学生职业价值观：手段与目的[J].心理学报,2005(5)：650-657.

达到了可接受水平，职业价值观模型拟合良好[1]。辛增友编制的问卷具有良好的信度[2]。董薇修订的《民办高校学生职业价值观量表》具有良好的信度[3]。范氏兰香修订后的《中国大学生职业价值观问卷》和《越南大学生职业价值观问卷》的"因素结构一致，信度指标基本相符"[4]。高玉芬编制的《港澳学生职业价值观正式调查问卷》具有较好的信度，港澳学生职业价值观模型拟合指数达到模型拟合的要求，RMSEA也符合模型拟合的要求[5]。陈浩等编制的大学生职业价值观问卷未报告信度和效度[6]。冯春等自编的《大学生职业价值观和职业选择调查问卷》没有报告信度和效度等关键信息[7]。杨晓晓等编制的大学生职业价值观问卷符合量表编制的基本要求，总量表的内部一致性α系数为0.85，表明量表及其各维度之间一致性达到了良好的测量学标准[8]。高洁等人认为，师范生教师职业价值观是一个涵盖生活保障价值、社会声望价值、社会贡献价值、个体发展价值的多维度模型，据此模型编制了《师范生教师职业价值观量表》，并报告了量表的信度和效度[9]。

---

① 王苑.大学生职业价值观及就业能力与就业绩效的关系研究[D].杭州:浙江大学，2006:31-39.

② 辛增友.青年职业价值观的横断与纵向研究[D].重庆:西南大学，2006:16-25.

③ 董薇.民办高校学生的职业价值观:量表修订与现状调查[D].重庆:西南大学，2007:14-26.

④ 范氏兰香.中越大学生职业价值观的跨文化比较[D].开封:河南大学，2008:15-30.

⑤ 高玉芬.港澳大学生职业价值观实证研究[D].广州:暨南大学，2010:25-55.

⑥ 陈浩,李天然,马华维.当代大学生职业价值观现状研究[J].心理学探新，2012(6):553-559.

⑦ 冯春,胡安·冈萨雷斯·加西亚.中墨大学生职业价值观与职业选择的跨文化研究[J].中国教育学刊，2015(S1):173-174.

⑧ 杨晓晓,卢聪,毛天欣,等.大学生职业价值观的结构与测量[J].西南师范大学学报（自然科学版），2016(6):168-174.

⑨ 高洁,邓一凡.师范生教师职业价值观量表的编制[J].成都师范学院学报，2021(12):33-40.

（四）职业价值观教育

这里主要从教育方法和教育内容两个方面进行综述。

1. 职业价值观教育方法

汪晓莺认为，大学生职业价值观教育的主要途径有：职业能力提高与职业品德培养相结合，实现个人价值与倡导爱业敬业的职业精神相结合，个人发展与追求理想、超越自我相结合[①]。王吉明认为，要把评价和行动作为价值观教育的主要着力点；把师生共同受教育作为价值观教育的立足点；把学生走向前台作为价值观教育的突破点；把营造生动活泼、开放诚恳的课堂氛围作为价值观教育的支撑点[②]。李月波等认为，高职院校加强职业价值观教育的对策有：高职院校要高度重视职业价值观教育，充分认识到加强职业价值观的重要性；结合社会实践环节，加强学生职业素养的训导；加强人文教育，培养德智体美全面发展的高技能人才；充分发挥校园文化的熏陶作用；加强高职院校的职业指导工作[③]。范守忠认为，高职院校学生职业价值观教育的对策有：明确高职院校学生职业价值观教育的内容和原则；构建职业价值观教育的教学体系；发挥校园文化和德育的综合作用；加强学校、家庭、社会三位一体的综合性职业价值观教育等[④]。姜献生认为，高职生职业价值观教育的方法有：充分发挥教育环境的潜移默化作用；充分发挥工学有机结合提供的角色体验的作用等[⑤]。韦晓东认为，在高职学校职业价值观教育实践中，思政课教学的改革是切入点，模块循环式的职业价值观教育活动与职业观示范教育是辅助，而专业课的改

---

① 汪晓莺.论市场经济条件下大学生职业价值观教育及其引导[J].教育与职业,2008（11）:156-157.

② 王吉明.以《学会做事》为载体的职业价值观教育探索[J].教育与职业,2009(33):137-139.

③ 李月波,姜彦飞.高职院校加强职业价值观教育的对策思考[J].教育与职业,2009(33):140-141.

④ 范守忠.论高职院校学生的职业价值观教育[D].济南:山东师范大学,2009:16-26.

⑤ 姜献生.高职生职业价值观教育的原则和方法[J].学校党建与思想教育,2010(22):79-80.

革与职业价值观渗透是关键①。葛军燕认为，职业价值观教育的途径有：价值引领，在专业教育中认同职业价值观；校企互动，在工学结合中感悟职业价值观；载体创新，在主体实践中化育职业价值观②。薛利锋认为，职业价值观教育要构建囊括主体性教育、实践教育、分层分阶段教育、新媒体运用、显隐教育相结合的方法体系③。张渝认为，要充分发挥思想政治理论课的主渠道作用；重视文化育人的潜移默化作用，优化高职思政教育的文化环境；建立高职学生多维度关怀机制；建立思想导师制，深入到行业企业中开展差异化指导；职业院校要建立社区支持的思想政治教育机制④。谷献晖认为，高职院校学生职业价值观教育策略有：改革思政课教学；改革专业课教学；开展"七模块""四循环"教育活动；开展职业观示范教育⑤。刘玲玲认为，主要从以下几个方面来培养高职生的职业价值观：明确教育内容，确保指导方向的正确性，加强职业认知和自我能力认知，做全程化的、系统化的、持续性的职业指导等⑥。雷晓莉认为，优化高职生现代职业价值观教育的方法和途径主要有：加强针对性，创新职业教育方式；加强薄弱环节，强化实践教育；加强基础建设，优化职业环境教育⑦。周素琴认为，大学生职业价值观教育途径有：家长要培养人学生的独立性与自主性，高校要营造教育的良好氛围，政府规范招聘程序与倾心培育职业精神⑧。刘锦霞认为，高职生职业价值观教育要以社会主义核心价值观教育为主导，要与工学结合过程相结合，要与职业生涯规划教育

---

① 韦晓东.高职学校职业价值观教育改革研究[D].成都:四川师范大学,2010:33.

② 葛军燕.职业价值观教育:目标、特质及其路径——基于职业院校学生职业生活体验的探讨[J].中国高教研究,2012(9):103-106.

③ 薛利锋.试论大学生职业价值观教育体系的基本结构[J].思想理论教育导刊,2012(12):111-114.

④ 张渝.高职学生职业价值观现状调查[J].教育与职业,2012(34):50-51.

⑤ 谷献晖.高职院校学生职业价值观教育策略研究[J].教育与职业,2012(32):171-172.

⑥ 刘玲玲.高职大学生职业价值观调查研究[D].长春:长春工业大学,2012:23-26.

⑦ 雷晓莉.高职生现代职业价值观教育研究[D].长沙:中南大学,2013:39-48.

⑧ 周素琴.大学生职业价值观教育的必要性与途径[J].教育评论,2013(4):78-80.

相统一，要与校园文化建设相融合①。黄大庆等认为，职业价值观教育不仅要坚持共识性教育，还要结合教育定位、培养目标、就业期望、求职方向、职业发展路径等几个方面进行研究，形成差异化的教育策略②。邱丽华认为，要搭建大学生职业价值观教育新平台；利用新媒体提升高校大学生职业价值观教育速度、广度和深度；家庭、高校、企业共同参与大学生职业价值观教育③。何晓岩认为，要从营造良好的职业价值观培育环境；深化教学改革，提升学生职业认同感；发挥合力，培育学生职业自我效能感等方面引导学生树立稳定和成熟的职业价值观④。蔡蓓等认为，要不断提高高职生就业能力，促进其职业能力发展，使其顺利就业，要帮助其树立正确的职业价值观并增强其心理资本和心理自立⑤。李健等认为，新时代青年职业价值观培育优化的实践策略有：建立全员育人的组织体系，打造专兼结合的培育队伍，坚持育人为本的政策导向，创设就业优先的环境氛围⑥。

2. 职业价值观教育内容

李月波认为，高职生职业价值观的内容主要有：职业理想教育、职业价值取向教育和职业道德教育等⑦。范守忠认为，当前高职院校职业价值观教育的内容主要有：职业价值认知教育，职业价值评价教育，职业价值

---

① 刘锦霞.高职学生职业价值观教育探讨[J].教育探索,2013(10):125-126.

② 黄大庆,章吉,高蕾.浅析大学生职业价值观教育策略[J].中国成人教育,2015(12):49-51.

③ 邱丽华.大学生职业价值观教育现状与对策分析[J].继续教育研究,2016(3):101-102.

④ 何晓岩.以江苏高职院校为例谈高职学生职业价值观的现状及对策[J].教育与职业,2018(22):90-93.

⑤ 蔡蓓,杨帆,高静,等.职业价值观对高职生就业能力的影响探讨[J].职教论坛,2018(12):173-176.

⑥ 李健,沈雯.习近平关于青年职业价值观重要论述的四维探析[J].高校辅导员学刊,2022(6):70-74.

⑦ 李月波.高职学生职业价值观的现状及对策思考[D].石家庄:河北师范大学,2007:25-30.

选择教育等①。王吉明认为："从内容上看，《学会做事》以人的尊严、劳动的尊严为中心价值观，以健康、人与自然和谐，真理与智慧，爱心与同情，创造，和平与公正，可持续发展，国家统一和全球团结，全球精神为核心价值观，并在以上2个中心价值观、8个核心价值观基础上延伸出了33个相关价值观。"②薛利锋认为，职业价值观教育的内容包括：职业认知与职业技能教育、社会责任感教育、职业理想与职业道德教育以及职业规划与职业体验教育③。何秋霞认为，高职生职业价值观教育的内容有：培养高职生良好的职业品格，锻造高职生较强的职业能力，提升高职生的就业能力④。张翔云认为，职业价值观的基本内容是对"人"及其"劳动"的尊重，敬业、诚信、忠诚与责任、团结协作、创新、法纪、服务等是延伸职业价值观⑤。蔡婧和邓宏宝认为，民国时期职业院校的职业价值观教育以"敬业乐群"为教育内容⑥。

二、国外研究现状

（一）职业价值观概念

国外学者一般将职业价值观称为"vocational values""occupational values""professional values"或"work values"，一些学者从多种角度对职业价值观进行了定义。Super认为，职业价值观是个人与工作有关的目标，

---

① 范守忠.论高职院校学生的职业价值观教育[D].济南:山东师范大学,2009:16-18.
② 王吉明.以《学会做事》为载体的职业价值观教育探索[J].教育与职业,2009(33):138.
③ 薛利锋.试论大学生职业价值观教育体系的基本结构[J].思想理论教育导刊,2012(12):111-114.
④ 何秋霞.高职生职业价值观教育意义及目标[J].教育与职业,2013(11):93-95.
⑤ 张翔云.职业价值观教育内容构建[J].职教论坛,2014(5):85-88.
⑥ 蔡婧,邓宏宝.民国时期职业院校的职业价值观教育[J].南通大学学报(社会科学版),2019(6):115-120.

是人的内在需求与从事活动时所追求的工作特质或属性的具体反映①。Kalleberg 提出，职业价值观是个人从工作活动中想要追求的价值或意义②。Dose 认为，职业价值观是主体对于工作意义的认识③。Schwartz 认为，职业价值观是指人们通过工作而达到的目标或取得的报酬，它们是更一般的个体价值观在职业生活中的表现④。这个定义是从目标和报酬的角度出发的。Ros 等认为，职业价值观就是人们从某种职业中所能取得的终极状态或行为方式的信念⑤。这是从终极状态和信念的视角来定义的。Elizur 等认为，职业价值观是个体认为某种工作结果的重要性程度⑥。此定义从工作结果的角度出发。总体来说，国外学者主要是以在职人员为研究对象从不同的视角来给职业价值观下定义的。

（二）职业价值观结构

职业价值观结构的"二分法""三分法"和"四分法"是三种比较有代表性的国外学者的观点。

有些学者持二分法的观点：例如，Rokeach 认为，职业价值观包括"目的性职业价值观"和"工具性职业价值观"⑦。有些学者持三分法的观点：例如，Super 把职业价值观分为"外在报酬""外在价值"和"内在价

---

① Super D E. Manual for the work values inventory [M]. Chicago: River-side Publishing Company, 1970.

② Kalleberg A L. Work values and job rewards: a theory of job satisfaction [J]. American Sociological Review, 1977(1):124-143.

③ Dose J J.Work values: an integrative framework and illustrative application to organizational socialization [J]. Journal of Occupational and Organizational Psychology, 1997(3): 219-242.

④ Schwartz S. A theory of cultural values and some implications for work [J]. Applied psychology: an International review, 1999(1):23-47.

⑤ Ros M, Schwartz S, Scrkiss S. Basic individual values, work value, and the meaning of work [J]. Applied psychology: an International review,1999(1):49-71.

⑥ Elizur D,Sagie A.Facets of personal values:a structural analysis of life and work values [J]. Applied Psychology: An Interview Review, 2010(1):73-87.

⑦ Rokeach M.The nature of human values [M].New York:Free Press,1973.

值”①。Alderfer 把职业价值观分为“内在价值”“外在价值”和“社会价值”②。Elizur 把职业价值观分为三个维度：“情感”“认知”和“工具”③。有些学者持四分法的观点：例如，Ros 等把职业价值观划分为“威望价值”“内在价值”“外在价值”和“社会价值”④。Ronen 从“个体-集体”“物质-精神”的视角将职业价值观分为四类：“以个体为中心、人本主义的自我实现的职业价值，以集体为中心、人本主义的社会职业价值，以个体为中心、物质主义的自尊职业价值，以集体为中心、物质主义的生理安全职业价值。”⑤这四类正好与 Ros 等的威望、内在、外在和社会四类职业价值观相对应。Ros 等人的研究还证实，“‘对变化的开放态度’与‘内在价值’相对应，‘保守’与‘外在价值’相对应，‘自我超越’与‘社会价值’相对应，‘自我提高’与‘威望价值’相对应”⑥。

总体来说，国外学者多从心理学视角对职业价值观的结构进行探索。

（三）职业价值观测量

Jeylan 等编制的职业价值观量表包括外在价值建构和内在价值建构两个维度，未报告信度和效度等关键指数⑦。Smith 等揭示了职业价值观的结

---

① Super, D E. The structure of work values in relation to status, achievement, interests, and adjustment [J].Journal of Applied Psychology, 2007(4):231-239.

② Alderfer C P. Existence, relatedness and growth: human needs in organizational settings [M].New York: Free Press, 1972.

③ Elizur, Dov. Facets of work values: a structural analysis of work outcomes [J].Journal of Applied Psychology, 1984(3):379-389.

④ Ros M, Schwartz S, Surkis S. Basic individual values, work value, and the meaning of work [J]. Applied psychology: an international review, 1999(1):49-71.

⑤ Ronen S. An underlying structure of motivational need taxonomies: a cross-cultural confirmation [M]. In: Triandis H C, Dunnette M D, Hough L M. Handbook of industrial & organizational psychology(2nd),New York:Counseling Psychologists Press,Inc,1994,241-269.

⑥ Ros M, Schwartz S, Surkis S. Basic individual values, work value, and the meaning of work [J]. Applied psychology: an international review, 1999(1):49-71.

⑦ Jeylan T, Mortimer, Ellen E P, et al. Part-Time work and occupational value formation in adolescence[J]. Social Forces,1996(4):1405-1418.

构，主要包括：自我决定维度、社会关系维度和工作场所结构维度[1]。Weis 等修订后的护理职业价值观量表包括关怀、能动性、信任、专业精神和正义 5 个因素。研究结果表明：修订后的量表这 5 个因素内部一致性信度的 α 系数是 0.70 ~ 0.85，总量表的 α 系数为 0.92，结构效度整体因子载荷的范围为 0.46 ~ 0.79[2]。Lin Yuhua 等运用 Darlene 等 2009 年修订的护理职业价值观量表在中文语境中验证，结果表明量表聚类为三个维度：敬业精神、同情心和能动性，量表有足够的内容效度。就量表的结构效度而言，KMO 值为 0.951 说明采样充足，球形巴特莱特试验也表明样本容量充足；就量表的内部一致性信度而言，整体量表的内部一致性系数 α 为 0.90，子量表克龙巴赫 α 系数为 0.81 ~ 0.90，校正后的项目总相关系数为 0.47（项目 18） ~ 0.78（项目 10 和 11）[3]。Eakman 等构建的美国英语版的职业价值观量表内部一致性的克隆巴赫 α 系数为 0.92，且校正项目量表的相关系数均值为 0.56[4]。Geçkil 等分析了护理职业价值观的 5 个维度：关怀、敬业、行动主义、正义和忠诚。量表共 26 个条目，各个条目的内容效度指数在 0.78 ~ 1.0，总的内容效度指数是 0.93[5]。Dierdorff 等将职业价值观划分为成就、独立、利他、地位、舒适和安全等 6 个维度。研究者报告了一些条目的 α 系数值和职业价值观各维度两两之间的相关系数，并且报告了一些假

---

[1] Smith T J, Cynthia C. The structure of O* NET occupational values[J]. Journal of Career Assessment, 2006(4):437-448.

[2] Weis D, Schank M J. Development and psychometric evaluation of the nurses professional values scale[J].Journal of Nursing Measurement,2009(3):221-231.

[3] Lin Y H,Wang L S. A Chinese version of the revised nurses' professional values scale: reliability and validity assessment[J]. Nurse Education Today,2010(30):492-498.

[4] Eakman A M, Eklund M. Reliability and structural validity of an assessment of occupational value [J].Scandinavian Journal of Occupational Therapy, 2011 (18):231-240.

[5] Geçkil E, Ege E,Akin B,et al. Turkish version of the revised nursing professional values scale: validity and reliability assessment[J].Japan Journal of Nursing Science , 2012(9): 195-200.

设模型的有关统计信息[1]。Moon 等修订的韩国版 NPVS-R 量表 KMO 度量的样本充足性为 0.95，这意味着韩国版 NPVS-R 的样本量是足够的，不过该量表没有报告模型的拟合度指数[2]。Asiandi 等报告了印度尼西亚版的护理人员职业价值观测量结果，结果表明 NPVS-3 在印度尼西亚的使用是有效和可靠的[3]。

（四）职业价值观教育

这里主要从教育模式与方法和教育内容与实施两个方面进行综述。

1. 教育模式与方法

Darlene 等提出需要加强继续教育和员工发展，以帮助护士促进其职业价值观的形成[4]。国际会计师联合会制定了基于职业伦理视角的会计师职业价值观培训的教学方法，这些方法可以供高职院校大学生职业价值观的教育者们和管理者们借鉴和使用。这些方法主要包括：（1）讲座。此方法可能适合于介绍和描述基本的价值理论和概念。（2）道德讨论。学生和专业会计师更有可能通过与他人接触和讨论道德问题，特别是那些持有不同观点的人，来发展道德判断和行为。（3）小组协作学习。小组协作学习培养领导、决策、建立信任、沟通和冲突管理方面的技能，是让学生接触道德威胁的有效方法。（4）案例研究。案例研究可以有效地培养道德意识和分析技能。（5）角色扮演。角色扮演是将问题带到生活中，让学生和专业

---

① Dierdorff E C, Morgeson F P. Getting what the occupation gives: exploring multilevel links between work design and occupational values[J]. Personnel Psychology, 2013(66): 687-721.

② Moon S, Kim D H, Kim E J, et al. Evaluation of the validity and reliability of the korean version of the nursing professional values scale-revised[J]. Nurse Education Today, 2014 (34): 325-330.

③ Asiandi A, Erlina M, Lin Y H, et al. Psychometric evaluation of the nurses professional values scale-3: indonesian version[J]. International Journal of Environmental Research and Public Health, 2021: 8810-8822.

④ Darlene W, Schank M J. Professional values and empowerment: a role for continuing education.[J]. The Journal of Continuing Education in Nursing, 1991(2): 50-53.

会计师参与学习。（6）特邀演讲嘉宾和专业人士参与。邀请资深专业人士到课堂上分享他们的个人经历，这是沟通会计道德敏感性、判断和行为以及展示道德领导力的一种有价值的方法。（7）网络学习。网络学习结合了计算机技术和通信软件，为学习者提供丰富的职业价值观教育课程。Toma等在研究高等技术教育中的职业价值观问题时，提出了高等技术教育中职业价值观教育的团队课程和项目创新的教育方法。就团队课程而言，可以考虑开设与以前所不同的课程，让学生在团队中工作，这样他们就能够理解团队合作的重要性，以及与同事建立良好关系的价值；就项目创新而言，可以给他们一些项目，让他们想出新的想法，让他们对多样性有一种满意感，并理解没有任何日常工作能给他们这样的成就[1]。Carolyn等研究了社会关怀模式与公共关系中的美德教育问题，提出了将学生价值观与职业实践联系起来的社会关怀模式，还研究了社会关怀模式如何将学生持有的美德与组织的关系结果联系起来。他们通过研究公众对社会关怀和组织忠诚度的看法，可以使教育工作者能够更好地将美德与作为社交媒体专业人士的职业实践联系起来。研究结果表明：学生对社交媒体的价值观与人类尊严、信任和真实对话有关，与社会关怀的关系结果相吻合[2]。

2. 教育内容与实施

Mccabe等采用了一种纵向方法来评估MBA课程与法学课程对美国两所大学的学生的价值观和道德决策行为的影响。研究结果表明，对于大多数学生来说，MBA课程仍然是一种价值中立的体验。相比之下，法学院项目对价值观和道德决策都产生了重大影响[3]。Thorpe等就加拿大护理本科

---

① Toma A M, Neculai O. Professional values in higher technical education[J]. Journal of Industrial Design and Engineering Graphics,2019(1):333-336.

② Carolyn M K, Karen F. Virtues in social care and public relations education: connecting student values to professional practice[J]. Teaching Journalism & Mass Communication, 2021(1):1-11.

③ Mccabe D L , Dukerich J M , Dutton J E .The effects of professional education on values and the resolution of ethical dilemmas:business school vs.law school students[J]. Journal of Business Ethics,1994(9): 693-700.

生价值观的教育分别对护士教育者和护士管理者提出了相关的建议。对护士教育者而言，主要从发现价值和技能培训两个方面给出建议：（1）发现价值。在教育计划的早期，护理专业的学生要完成一个关于价值观的练习，即一个自我发现和自我评估的练习。只有有了自我认识，人们才能不仅改变自己，而且改变自己生活和工作的组织、职业、社区和社会。（2）技能培训。一些与这些价值观相关的技能培训可以确保学生在进入护理专业之前具有专业水平的技能。对护士管理者而言，主要从培训与发展的作用、组织文化和管理职业压力三个方面给出建议：（1）培训与发展的作用。技能培训应该有利于护士的发展，特别是那些为管理职位而培养的护士。（2）组织文化。护理的角色包括强调个人和职业赋权，即参与组织决策、解决问题和创新方向，这有助于提高护士的组织效率和工作满意度。（3）管理职业压力。护士应该意识到照顾自己的需要，组织需要向护士提供及时和有效的支持服务[①]。Clark 认为，护理教育工作者应该在课堂和临床环境中的整个护理项目中继续讲授"护士道德规范"。护理项目应审查有关职业价值观的教学内容，以确保各级组织和人员积极培养学员的职业价值观。医院还应加强新护士的职业价值观教育，并为新护士提供导师，以促进其职业价值观的发展。教育工作者可以通过在护理课程中增加行动项目来促进学生参加护士组织会议、参与研究以及在实践中运用研究成果等。这些都可以促进职业价值观的发展。此外，关注职业价值观的有目的的指导对所有执业护士、护士教育者和护士管理者都有意义。分享对护理职业的热情，将有助于通过职业社会化发展职业价值观[②]。Green 的调查结果表明：在大多数情况下，与其他组相比，大学三年级组的职业价值观得分更高。基于这一结果，作者认为：基础学习训练最有利于学生内化职业价值观，如临床模拟、小组讨论和新手案例研究等，都有必要强调职业价

---

① Thorpe K , Loo R . The values profile of nursing undergraduate students: implications for education and professional development[J]. Journal of Nursing Education, 2003(2): 83–90.

② Clark D K. Professional values: a study of education and experience in nursing students and nurses[D]. Minneapolis:Capella University, 2009:130–133.

值观教育。作者提出，应该早于第四年开始高级培训阶段，这将使大三年级学生不会像大四年级学生那样在毕业前忙于完成任务，从而有充足时间获得关于职业价值观的实践经验方面的优势①。

通过对国外学者的文献研究发现，他们主要研究职业价值观的概念、结构和测量等，对在校大学生的职业价值观教育主要集中在护理专业学生的职业价值观教育，而对护理专业之外的其他专业在校大学生职业价值观调查、测量与教育的关注相对偏少。

三、国内外研究评析

通过对国内外文献的整理分析，可以发现学术界对于职业价值观的研究日益丰富，这些成果为我们进一步研究高职生职业价值观提供了基础。尽管我国学界存在着对价值本质阐释的"需要满足说"的质疑与辩护②③，但是我们必须看到价值本质的"需要满足说"仍是价值哲学领域的主流认知，在关于价值本质的阐释达成新的共识之前，"需要满足说"无疑还将继续维持其"生命的合理存在"。不妨搁置价值哲学领域内对"需要满足说"的责难与辩护（这并非本书的研究主题），回头来审视既有研究成果，不难发现它们往往都是以马斯洛的需要层次理论为自身立说之本④⑤⑥，这一方面释放了职业价值的"主体需要"张力⑦，另一方面也为人们对其进行价值哲学审视与批判预留了靶的："它存在着个人主义色彩。……这使他的理论一定程度上陷入了机械主义……马斯洛的理论强调需要的纵向联

---

① Green G. Examining professional values among nursing students during education: a comparative study[J]. Nurs Forum,2020,55:589-594.

② 王玉樑.评价值哲学中的满足需要论[J].马克思主义研究,2012(7):65-74.

③ 李德顺."满足需要"有何错：答王玉樑同志[J].马克思主义研究,2013(9):134-142.

④ 凌文辁,方俐洛,白利刚.我国大学生的职业价值观研究[J].心理学报,1999(3):342-348.

⑤ 金盛华,李雪.大学生职业价值观：手段与目的[J].心理学报,2005(5):650-657.

⑥ 殷雷.当代大学生职业价值观调查研究[J].心理科学,2009(6):1521-1523,1478.

⑦ 胡家祥.马斯洛需要层次论的多维解读[J].哲学研究,2015(8):104-108.

系，而忽视了其横向联系。"①马斯洛没有认识到人类各需要层次间矛盾的状态是普遍和复杂的②。就"需要"视角来说，对大学生职业价值观的已有研究虽然秉持"需要满足说"价值哲学的基本认知，但是它们对需要的分析往往又基于马斯洛的需要层次理论。马斯洛把人的主体意识、主体需要纳入心理学研究的视野，这在当时无疑是巨大的进步。但马斯洛对作为主体的人的需要的分析，主要还只是涉及需要的层次性和个体性，而对需要的社会性和客观性的关照不足③④。由此出发关于大学生职业价值观的研究，主要是探讨职业的个体化的价值问题，是大学生对某个或某些职业所具有的价值的单向度投射，而在职业团队给予团队潜在成员的大学生个体的价值方面的研究有所忽略。因此，要把"人的需要"植入"社会性的"语境，这样有利于学界重新审视、重新定位、重新建构大学生职业价值观，以防止其向工具论价值取向的道路旁落与异化。就"满足"视角来说，需要的满足要合目的性、合规律性。所谓满足的合目的性，是指人的需要的满足要符合人的发展的目的。作为个体的人既是目的也是手段，是目的与手段的统一，个体需要的满足要与类群体或社会的需要的满足相协调、相统一。所谓满足的合规律性，是指人的需要的满足要与社会发展的客观现实相适应，接受自然和人类社会发展客观规律制约。由此出发来考察既有研究所关照的职业需要的满足，不难发现它在很大程度上与满足的合目的性与合规律性的要求相去甚远。一方面，大学生把自身作为职业价值的单极主体，视自我为目的，视岗位背后的团队成员为手段，进行单向度的价值意向投射，这就在一定程度上割裂了自身的发展与"类存在"发展的和谐性、统一性，背离了人既是目的又是手段的根本旨趣。另一方面，这种割裂背离合规律性的要求体现为以下两个层面：一是，人的需要

---

① 张玉平.马斯洛需要层次论的运用及其局限[J].中山大学学报(社会科学版),1994(1):122-123.

② 王友平,盛思鑫.对马斯洛需要理论的再认识[J].学术探索,2003(9):69-72.

③ 张玉平.马斯洛需要层次论的运用及其局限[J].中山大学学报(社会科学版),1994(1):120-123.

④ 王友平,盛思鑫.对马斯洛需要理论的再认识[J].学术探索,2003(9):69-72.

与发展是社会的与历史的统一，个体的需要与发展只有寓于"类存在"的需要与发展的语境，才符合客观规律的要求；二是，职业价值的实现是二重的"主体客体化"和"客体主体化"的过程，对双向的价值主体留存一极、割舍一极，从而使职业价值的实现变为单重的"主体客体化"和"客体主体化"的过程，这就违背了职业价值实现的客观规律。不合目的性与规律性的职业需要的满足，是一种异化的职业需要的满足。要对大学生职业需要异化的现状加以扬弃，而这种扬弃的根本落脚点就在于：对"人既是目的又是手段，是目的与手段的统一"人性本质的回归。

笔者经过分析发现，国内外学者关于大学生职业价值观的研究还有以下方面需要强化：第一，国外的研究者主要研究在职人员的职业价值观，较少关注尚未工作的大学生；国内的研究者主要研究没有工作经验或工作经验较少的大学生的职业价值观，但是其研究对象主要集中于大学本科生以及研究生群体，对专科院校高职生这个群体的关注较少。第二，国内外学者有的是从心理学或社会学的视角调查研究大学生职业价值观的结构等，有的是从教育学或思想政治教育的视角分析高职生职业价值观的现状和教育等；有的采用定量研究方法，有的采用定性研究方法，但是综合运用多学科的理论和方法，专门研究高职生职业价值观的成果非常少。针对这种现状，本书以马克思职业理想观为指导，综合运用马克思主义哲学、思想政治教育学、心理学等学科有关理论和方法来研究当代高职生的职业价值观及其教育。

第三节　主要研究方法和创新之处

在马克思职业理想观的指导下，分析当代高职生职业价值观的内在结构、形成过程、主要影响因素、形成和发展机制、现状与偏差和主要特点等，可以为高职生的职业价值观教育提供理论依据和实践指导。

本书主要包括四个部分。第一部分主要介绍当代高职生职业价值观研究所涉及的基础概念、主要理论依据和职业价值观的内在结构。首先，从相关核心概念着手，层层深入介绍高职生职业价值观的内涵；其次，主要从马克思职业理想观、中华优秀传统职业观和西方职业生涯规划理论等方面梳理本研究的主要理论依据；最后，相对客观地探讨当代高职生的职业价值观，对高职生职业价值观结构维度提出理论构想，初步将高职生职业价值观分为三个维度。第二部分为高职生职业价值观的形成与发展分析。首先，分大学前阶段、大学阶段和职场阶段三个阶段分析职业价值观形成的一般过程；其次，从家庭成员职业感知与互动、学校职业价值观教育状况、社会显性价值取向和个人职业自我认知等视角，分析影响高职生职业价值观的主要因素；最后，从"行为观察–模仿机制""文化感知–浸润机制""兴趣责任–驱动机制""专业职业–选择机制""环境反应–反馈机制"和"需要满足–循环上升机制"等方面分析探讨高职生职业价值观的形成和发展机制。第三部分为高职生职业价值观的状况与特点分析。主要运用笔者所编制的高职生职业价值观调查问卷、访谈问卷和正式量表对高职生职业价值观进行多次调查，并结合相关省市毕业生就业质量报告中的有关数据，重点分析当前高职生职业价值观的状况与特点。首先，分析当前高职生职业价值观的状况与偏差；其次，分析当前高职生的发展，探讨高职生的发展对他们职业价值观的影响；最后，从需要取向、偏好取向和互动取向三个方面分析探讨当代高职生职业价值观的主要特点。第四部分为当代高职生职业价值观的教育引导研究。在前期调研和分析的基础上，主要从主体需要定位、职业偏好引导和互动氛围营造三个层面探讨当代高职生职业价值观教育。

一、主要研究方法

本研究主要运用文献分析法、问卷调查法、质性研究法和跨学科研究法。

（一）文献分析法

本研究充分利用中国知网、万方、超星图书馆等中文数据库以及EBSCO和Springer等外文数据库，搜集了与职业价值观有关的专著、论文、研究报告、报刊等资料，并对文献进行了梳理，较为全面地了解职业价值观相关的研究成果，在此基础上确定了本研究所要解决的主要问题。

（二）问卷调查法

采用自编的高职生职业价值观问卷和量表来调研高职生职业价值观的主要特点、影响因素和存在问题，在此基础上力图找到高职生职业价值观教育的有效途径。本研究选取安徽省内外高职院校2000多名高职生作为样本进行调查。

（三）质性研究法

通过对高职生和长期在高职院校从事学生工作的管理干部、辅导员、思政课专任教师、就业指导课教师以及专业课教师等进行访谈，获得第一手资料，这为笔者探寻高职生职业价值观教育对策提供了很大的帮助。

（四）跨学科研究法

综合运用马克思主义哲学、思想政治教育学、职业技术教育学、心理学、管理学等学科的有关理论和方法进行深入研究。

二、创新之处

本研究的创新性主要反映在内容维度的创新和方法学视角的创新两个方面。

（一）内容维度的创新

本研究内容维度的创新主要表现在以下六个方面。

1. 职业价值观结构的哲学分析

从价值哲学的视角对高职生职业价值观的结构进行分析。职业价值观是由"主体需要""职业偏好"和"互动感观"三个维度构成的"三维一体"的结构。在水平面上两个垂直坐标维度分别为主体需要维度和职业偏好维度，而与这两个维度均垂直的维度则是互动感观维度，这三个维度存在唯一的交点，它是主体的现实职业方位感。

2. 高职生职业价值观的形成和发展机制探讨

在阐释职业价值观形成的一般过程，并对高职生职业价值观主要影响因素加以分析的基础上，从"行为观察-模仿机制""文化感知-浸润机制""兴趣责任-驱动机制""专业职业-选择机制""环境反应-反馈机制"和"需要满足-循环上升机制"等方面分析探讨了高职生职业价值观的形成和发展机制。

3. 当代高职生的发展及其对职业价值观的影响分析

进入高职院校以后，新的学习环境对于高职生来说是一个很好的改变自我意识和评价的契机。高职院校的培养目标是"技能型人才"的培养，因此评价标准更倾向于实践能力。只要我们教育引导及时恰当，实现这一转变或改变完全是可能的。通过调查和访谈等多种途径，我们发现少数高职生可能出现以下情况：就记忆特点而言，高职生动作记忆强于符号记忆，情感记忆强于理性记忆，故事记忆强于概念记忆；就思维特点而言，高职生感性或形象思维强于理性或抽象思维，现实思维强于理想思维，局部思维强于整体思维，碎片思维强于系统思维；就心理特点而言，高职生情绪大于情感，情感大于理性。记忆、思维、心理等方面的发展对高职生的职业价值观产生了一定的影响。具体来说，自信心理、自律能力、学习品质、实践能力等方面对高职生的职业价值观产生了一定的影响，我们就这些方面对于高职生职业价值观的具体影响作进一步的分析，探讨这些方面分别对高职生职业价值观的三个维度（包括"主体需要""职业偏好"和"互动感观"）的影响。实践能力是高职生职业生涯发展的安身立命之根本，也是高职生职业价值观教育的一个有效的"战略支点"，有利于开拓高职生职业价值观教育的新天地、新境界。高职院校的教育工作者要充分挖掘高职生的亮点、闪光点，以"实践能力"为引绳，"以小带大"，"由近及远"，帮助高职生提升自信心，让他们重新认识自己，并树立远大的职业理想，以开拓高职生职业生涯发展的宏伟图景。

4. 当代高职生职业价值观的主要偏差和主要特点分析

运用高职生职业价值观调查问卷、访谈问卷和正式量表对高职生职业价值观进行调查的结果，分析了当前高职生职业价值观的主要偏差：职业忠诚意识较弱、创新创业意识不强和吃苦耐压能力不足。同时，从三个层面分析了当代高职生职业价值观主要特点：一是在"主体需要"层面，凸显个性追求，高悬岗位期待，秉持自我能动。二是在"职业偏好"层面，注重职业声望，关注发展空间，期待创新创业。三是在"互动感观"层面，考量组织气质，认同道德规范，缺失团队忠诚。

5. 当代高职生职业价值观教育的对策探讨

从高职生思想行为的一般特点出发，结合高职生职业价值观的形成和发展机制，依据前期实证研究成果得出的当代高职生职业价值观的影响因素、存在偏差和主要特点，并融合高职生职业价值观教育访谈成果，从主体需要定位、职业偏好引导和互动氛围营造等三个方面探索高职生职业价值观教育对策。

6. 当代高职生职业价值观量表的编制

本研究在前期调研的基础上，采用探索性因素分析和验证性因素的方法分析，编制信度和效度较高的当代高职生职业价值观量表，作为一种有效的研究工具，用来分析研究高职生职业价值观的主要特点、因素差异和教育对策等。

（二）方法学视角的创新

本研究采用跨学科的研究方法，以思想政治教育学为基础，综合哲学、教育学、心理学等学科的有关理论和方法来研究当代高职生的职业价值观。另外，本研究还把定量研究和定性研究结合起来，采用结构式问卷和信度、效度较高的量表来收集数据，采用多种统计方法，如 T 检验、F 检验、相关分析等来整理和分析数据；通过与部分高职生的互动交流，并访谈长期在高职院校从事学生工作的管理干部、辅导员、思想政治理论课专任教师、就业指导课教师、专业课教师等获得第一手资料。

第二章 高职生职业价值观研究的基础理论

首先，从马克思主义价值哲学出发，分析马克思主义的价值学说关于"价值"的内涵，重点诠释"主体的尺度"与"客体的尺度"，"主体客体化"与"客体主体化"，以及"需要"与"想要"；其次，梳理与阐释职业价值观研究的主要理论依据，主要包括马克思职业理想观、中华优秀传统职业观和西方职业生涯规划理论；最后，在概括分析已有研究成果的基础上，对职业价值观的结构进行较为深入的剖析与诠释。

第一节 相关概念界定

本节主要对价值与价值观、职业价值观及高职生职业价值观等有关概念加以界定或概述。

一、价值与价值观

对高职生职业价值观进行研究必然涉及"价值"和"价值观"，为了后文论述之需要，这里主要分析"价值"和"价值观"的相关概念。

（一）价值

马克思本人未明确定义一般价值概念，马克思主义价值哲学研究者根据马克思对"价值"的相关阐述提出了自己对于"价值"的理解，例如中国政法大学教授李德顺认为，马克思实际持的是"关系-实践说"立场①。中国社会科学院研究员张建云认为，价值的本质要从处于对象性实践活动中的主体与客体的关系角度来理解②。安徽师范大学陶富源教授认为，马克思对价值的表述说明了两层含义：一是价值不属于实体范畴，它既不属于纯粹的主体范畴，也不属于纯粹的客体范畴，而是属于关系范畴，要从主客体的关系范畴来探讨价值的本质；二是从主客体关系的范畴所揭示的价值的本质不是其他什么本质内涵，而是"客体对主体需要的满足"的本质内涵③。总之，马克思主义价值哲学研究者对于价值的主流认知是基于主客体关系的。因此，李德顺认为，在哲学意义上所理解的"一般价值"的含义是"客体的存在、属性及其变化同主体的结构、需要和能力是否相符合、相一致或相接近的性质"④。马克思主义哲学视域中的价值内涵关涉"主体""客体""主客体之间的关系"等。

1. 主体的尺度与客体的尺度

这里重点介绍人类价值观投射所映照的实践活动中的两种尺度：主体的尺度与客体的尺度。马克思明确提出了"两个尺度"的思想。马克思认为，"动物只是按照它所属的那个种的尺度和需要来构造，而人懂得按照任何一个种的尺度来进行生产，并且懂得处处都把内在的尺度运用于对象；……劳动的对象是人的类生活的对象化"⑤，"随着对象性的现实在社会中对人来说到处成为人的本质力量的现实，成为人的现实，因而成为人自己的本质力量的现实，一切对象对他来说也就成为他自身的对象化，成为确证和实现他的个性的对象，成为他的对象……对象如何对他来说成为他的对象，这取决于对象的性质以及与之相适应的本质力量的性质"⑥。

---

① 李德顺,孙美堂.马克思主义价值论发展探析[J].中国特色社会主义研究,2013(6):5-11.

② 张建云.马克思"价值"范畴的深层解读[J].马克思主义研究,2016(9):43-51.

③ 陶富源.价值论及马克思主义价值论[J].理论建设,2015(3):71-85.

④ 李德顺.价值学大词典[M].北京:中国人民大学出版社,1995:261.

⑤ 马克思恩格斯全集:第3卷[M].北京:人民出版社,2002:274.

⑥ 马克思恩格斯全集:第3卷[M].北京:人民出版社,2002:304-305.

这就明确把"对象的性质"与"本质力量的性质"相对应。因此，明确而完整地表述两个尺度应该为：（1）"对象的性质"所决定的客体尺度；（2）人的"本质力量的性质"所决定的主体内在尺度。在一切主客体的对象关系中，这两个尺度就成为"主体的尺度"和"客体的尺度"①。

"人的内在尺度"是指作为主体的人的自身结构、规定性和规律，包括主体的需要、目的性及其现实能力等，在主客体关系中，它就是"主体的尺度"②。"客体的尺度"是对象本身所固有的本性、规定性和规律的表现③。主体的尺度就是价值尺度，它决定了价值现象的本质和特征，它是价值的根源④。而"客体的尺度"则是价值能否得以实现以及实现程度的外在制约因素。需要注意的是，在价值关系中，这个客体包括作为价值客体的"人"。因为在价值关系中，作为不同个体或不同群体的"人"，不仅可以成为价值主体，而且可以成为价值客体。

2. 主体客体化与客体主体化

这里主要介绍价值观投射所涉及的两种对象性关系："主体客体化"与"客体主体化"。"主体客体化"是指在主客体相互作用中主体受来自客体作用的影响而发生变化，日益带有客体所赋予的特征的过程和结果。客体作为对象而规定主体，作为外部规律和条件而制约和影响主体，产生具体的效应而直接改变或改造主体，这使主体在改造客体为自己服务的同时，必须承认客体、尊重客体，理解和服从客体的规律，它是客体的尺度在主体方面的显现和影响。从主体方面看，这种显现和影响意味着主体不断地向客体趋近，故称"主体客体化"⑤。"客体主体化"是指客体被改造而趋向于或服务于主体，带有主体所赋予的性质和特征的过程和结果。在主客体的相互作用中，主体总是从自身的结构和规定出发，按自身的需要和尺度去把握和改变客体，使客体不断同化，向主体趋近，为主体服务。

---

① 李德顺.价值论：一种主体性的研究[M].3 版.北京：中国人民大学出版社,2013:49.

② 李德顺.价值论：一种主体性的研究[M].3 版.北京：中国人民大学出版社,2013:50.

③ 李德顺.价值论：一种主体性的研究[M].3 版.北京：中国人民大学出版社,2013:54.

④ 李德顺.价值论：一种主体性的研究[M].3 版.北京：中国人民大学出版社,2013:50.

⑤ 李德顺.价值学大词典[M].北京：中国人民大学出版社,1995:984.

受这种作用，客体必然日益带有主体尺度的印记，这一过程和趋势称为"客体主体化"①。

3."需要"与"想要"

一方面，"需要"与"想要"属于不同的哲学范畴，二者的内涵不同。"需要"作为主体维持和恢复自身内部平衡，以及与环境平衡的一种倾向和冲力，它是客观的，受因果律的制约，受自然性和社会性的制约。"想要"则是需要的意识化和意识到的内容，"想要"反映"需要"，把需要提升到意识层面，带有主观性。"需要"与"想要"不仅逻辑层次和性质不同，而且二者往往还存在脱节或不一致的现象。这种脱节或不一致的现象主要表现为：一是最想要的与最需要的不一致，二是想要的量与真正需要的量不一致，三是需要和想要在时间上不一致。另一方面，"想要"作为"需要"的反映和意识化，二者又有一定的内在联系，一个人所想要的总是自己在某种程度某一方面所需要的②。因此，如果要对价值内涵进行界定，可以借助于"需要"的概念而不是借助于"想要"的概念。

（二）价值观

价值观即通常所说的价值观念，有两种不同的用法：一是指，理论上把关于价值的哲学学说和观点系统统称为价值观。从这种意义上来说，价值观与价值论是等同的。二是指，日常生活中，人们所说的价值观常常是特指关于价值的一定信念、倾向、主张、态度的系统，即理论上所说的"价值观念"的简称③。本书是从第二方面来理解和使用"价值观"这一概念的。从根源来说，它同主体的需要、理想联系在一起，受制于人们的社会和经济地位④。因此，社会意识形态或个人思想观念的改变，从根本上来说就是社会价值观或个人价值观的转变。社会组织行为或个人行为反映

---

① 李德顺.价值学大词典[M].北京:中国人民大学出版社,1995:378.
② 李德顺.价值学大词典[M].北京:中国人民大学出版社,1995:851-852.
③ 李德顺.价值学大词典[M].北京:中国人民大学出版社,1995:274.
④ 袁贵仁.价值观的理论与实践:价值观若干问题的思考[M].北京:北京师范大学出版社,2013:130.

社会组织或个人的价值信念和价值追求。

二、职业价值观

人们谈论某种或某些职业，不仅仅是为了探讨职业现象和职业问题的事实，更是为了目标主体投身所探讨的职业之中做准备，或该职业为自身所用，或自身为该职业所用，或二者兼顾。"主体的尺度"参与其中，而"主体的尺度"是价值的根源，此时人们对待职业现象和职业问题的看法、态度和行为选择倾向就是"职业价值观"。

据此，职业价值观可以界定为：职业价值观是指人们从自身"主体的尺度"出发，以"人是社会关系的总和"为认知逻辑，并伴随相对应的职业或岗位"对象的性质"规定性的"客体的尺度"，对社会职业及其活动（工作）在人生中的意义、作用等所持有的基本看法、态度和行为选择倾向。

三、高职生职业价值观

由于在进行高职生职业价值观测量时被试对象主要是高职院校在读大学生，而在分析高职生真正面对社会就业环境所做的择业选择时，因时间、人力、物力、财力等各种因素所限，我们未能做进一步的追踪调查，为弥补这一缺陷，这里主要是运用国内有关省市2017年高校毕业生就业质量报告中所得数据（2017年高校毕业生就业质量报告调查数据的截止日期是2017年8月31日，此时当年的高校毕业生刚离校大约2个月，其中也包括我们调查的部分高职生）进行分析。因此，本书中所称的"高职生"，是指当前我国高等职业院校在读的大学生和刚毕业离校2个月左右的高职院校毕业生。鉴于当前我国地方普通本科职业院校正处于由学术型高等院校向应用技术型高等院校转型过程中，本书研究对象并不包括本科层次应用技术型高等院校的大学生，而仅指三年制的专科层次高等职业院校的大学生。基于前面对"高职生"和"职业价值观"概念的界定，相应地可以对"高职生职业价值观"加以定义：高职生职业价值观是指高职院校大学生从自身"主体的尺度"出发，以"人是社会关系的总和"为认知逻辑，并伴随相对应的职业或岗位"对象的性质"规定性的"客体的尺度"，对社会职业及其活动（工作）在人生中的意义、作用等所持有的基本看法、态度和行为选择倾向。

第二节　职业价值观研究的主要理论依据

本节将主要从马克思职业理想观、中华优秀传统职业观和西方职业生涯规划理论等视角来阐述职业价值观研究的主要理论依据。

一、马克思职业理想观

马克思所倡导和践行的职业理想是"为人类工作"，他的一生都在为人类的幸福而工作，他的职业理想在其所撰写的论文《青年在选择职业时的考虑》中得以充分显现出来。虽然文章中的部分观点带有一定的局限性，但是"无论是从智性还是感性上都使我们充分领略了青年马克思的充满激情的崇高的价值理想诉求以及在择业问题上表现出的睿智与冷静"[①]。这对我国当代高职生职业价值观教育有着深刻的指导意义和现实启示。

（一）选择职业理想时应遵循的主要指针

马克思所倡导和践行的职业理想是"为人类工作"，它是马克思职业理想的基本立场和核心价值。马克思早在青年时期就已经确立这个远大的职业理想："在选择职业时，我们应该遵循的主要指针是人类的幸福和我们自身的完美。"[②]马克思认为，"对于这个共同目标来说，任何职业都只不过是一种手段"[③]。他的一生是为了实现这个远大理想而艰苦奋斗的一

---

① 陈玉君,黄利秀.青年马克思的价值理想及对当代青年的启示:读《青年在选择职业时的考虑》[J].前沿,2011(9):135.

② 马克思恩格斯全集:第1卷[M].北京:人民出版社,1995:459.

③ 马克思恩格斯全集:第1卷[M].北京:人民出版社,1995:458.

生。正是因为有这种远大理想作为内在驱动力，所以，面对常人难以承受的各种各样的艰难困苦时，他依然矢志不渝，不忘初心，锐意进取。在参加革命斗争的实践和严谨深入的科学研究中，他揭露和批判了资本主义私有制度，创立并践行科学共产主义学说。马克思深信："如果我们选择了最能为人类而工作的职业，那么，重担就不能把我们压倒，因为这是为大家作出的牺牲；那时我们所享受的就不是可怜的、有限的、自私的乐趣，我们的幸福将属于千百万人，我们的事业将悄然无声地存在下去，但是它会永远发挥作用，而面对我们的骨灰，高尚的人们将洒下热泪。"①崇高的职业理想不仅为人们职业生涯树立了正确航标，更是人们人生态度的直观写照，它是人们锐意进取、开拓创新的动力源泉，也是人们勇于战胜各种艰难险阻的精神武器。我们要引导高职生选择"人类的幸福和自身的完美"相统一的工作，只有这样才能实现社会价值和自身价值的统一。马克思的一生都走在实现个人价值与社会价值相统一的路上，他的奋斗人生是当代高职生的榜样。我们要引导高职生树立马克思那样崇高的理想，并终身努力地去践行它。

（二）影响职业理想树立的主要因素

职业理想不应是空洞的、抽象的理论说教，而应是那种具有现实可能性的价值追求目标。直面"为人类工作"的职业理想目标，在社会现实语境中需要考虑多种因素的统合效应。马克思主要阐释了"热情""虚荣心""尊严"和"社会地位"等因素对于职业理想树立可能产生的重要影响。

1. 把"热情"作为树立职业理想的首要因素，加以理性考辨

在职业理想树立的过程中，人们需要对于自身热情的"真挚性"进行谨慎省思，加以理性考辨，以免自己被"迷误"或"自我欺骗"。马克思说："我们对所选择的职业是不是真的怀有热情？发自我们内心的声音是不是同意选择这种职业？我们的热情是不是一种迷误？我们认为是神的召唤的东西是不是一种自我欺骗？不过，如果不对热情的来源本身加以探

---

① 马克思恩格斯全集：第1卷[M].北京：人民出版社，1995：459-460.

究，我们又怎么能认清这一切呢？"①热情的持续性也对人们职业理想的树立过程产生重要影响。马克思说："我们认为是热情的东西可能倏忽而生，同样可能倏忽而逝。也许，我们的幻想蓦然迸发，我们的感情激动起来，我们的眼前浮想联翩，我们狂热地追求我们以为是神本身给我们指出的目标；但是，我们梦寐以求的东西很快就使我们厌恶，于是，我们便感到自己的整个存在遭到了毁灭。"②"如果我们经过冷静的考察，认清了所选择的职业的全部分量，了解它的困难以后，仍然对它充满热情，仍然爱它，觉得自己适合于它，那时我们就可以选择它，那时我们既不会受热情的欺骗，也不会仓促从事。"③这表明只有经过对自身热情的"真挚性"进行谨慎省思、理性考辨，才能避免被"迷误"或"自我欺骗"，才能理解和把握"所选择的职业的全部分量"。

2. 要树立职业理想，需要警惕"虚荣心"可能产生的负面效应

马克思说："虚荣心容易使人产生热情或者一种我们觉得是热情的东西；但是，被名利迷住了心窍的人，理性是无法加以约束的，于是他一头栽进那不可抗拒的欲念召唤他去的地方；他的职业已经不再是由他自己选择，而是由偶然机会和假象去决定了。"④建立在"虚荣心"基础上的职业理想，往往缺乏难以维系的可持续性。马克思认为："我们的使命决不是求得一个最足以炫耀的职业，因为它不是那种可能由我们长期从事，但始终不会使我们感到厌倦、始终不会使我们劲头低落、始终不会使我们的热情冷却的职业，相反，我们很快就会觉得，我们的愿望没有得到满足，我们的理想没有实现，我们就将怨天尤人。"⑤马克思还告诫人们，"不仅虚荣心能够引起对某种职业的突然的热情，而且我们也许会用自己的幻想把这种职业美化，把它美化成生活所能提供的至高无上的东西。我们没有仔细分析它，没有衡量它的全部分量，即它加在我们肩上的重大责任；我们

① 马克思恩格斯全集：第1卷[M].北京：人民出版社,1995:456.
② 马克思恩格斯全集：第1卷[M].北京：人民出版社,1995:455-456.
③ 马克思恩格斯全集：第1卷[M].北京：人民出版社,1995:457.
④ 马克思恩格斯全集：第1卷[M].北京：人民出版社,1995:456.
⑤ 马克思恩格斯全集：第1卷[M].北京：人民出版社,1995:456.

只是从远处观察它，而从远处观察是靠不住的"①。因此，在职业理想的树立过程中要充分考虑"虚荣心"所带来的负面效应，以明辨是非、探究曲直，进而树立坚定的职业理想和人生信念。

3. 要树立崇高的职业理想，需要科学地看待"尊严"与"社会地位"

马克思说："尊严是最能使人高尚、使他的活动和他的一切努力具有更加崇高品质的东西，是使他无可非议、受到众人钦佩并高出于众人之上的东西。"②要树立崇高的职业理想，需要科学地看待"尊严"。马克思指出："能给人以尊严的只有这样的职业，在从事这种职业时我们不是作为奴隶般的工具，而是在自己的领域内独立地进行创造；这种职业不需要有不体面的行动（哪怕只是表面上不体面的行动），甚至最优秀的人物也会怀着崇高的自豪感去从事它。最合乎这些要求的职业，并不总是最高的职业，但往往是最可取的职业。"③马克思更进一步地指出，在错误理解"尊严"的基础上的职业理想将会是"沉重负担"。"正如有失尊严的职业会贬低我们一样，那种建立在我们后来认为是错误的思想上的职业也一定会成为我们的沉重负担。"④

要树立崇高的职业理想，还需要科学地看待职业的"社会地位"。马克思说："神让人在社会上选择一个最适合于他、最能使他和社会变得高尚的地位。"⑤马克思还进一步强调了人们所树立"职业理想"的性质与自身选择的职业所蕴含的"社会地位"属性的因果逻辑，他认为前者是因，后者为果，而不是相反。马克思说："重视作为我们职业的基础的思想，会使我们在社会上占有较高的地位，提高我们自己的尊严，使我们的行为不可动摇。"⑥由此可见，马克思主张青年在择业时既要仰望星空，更要脚踏实地。

---

① 马克思恩格斯全集：第1卷[M].北京：人民出版社，1995：456.

② 马克思恩格斯全集：第1卷[M].北京：人民出版社，1995：458.

③ 马克思恩格斯全集：第1卷[M].北京：人民出版社，1995：458.

④ 马克思恩格斯全集：第1卷[M].北京：人民出版社，1995：458.

⑤ 马克思恩格斯全集：第1卷[M].北京：人民出版社，1995：455.

⑥ 马克思恩格斯全集：第1卷[M].北京：人民出版社，1995：459.

(三)确立职业理想时应考虑的主要条件

这里从主观条件和客观条件两个视角阐述马克思关于确立职业理想时应考虑的主要条件。

1. 主观条件

马克思认为在选择职业时首先要考虑自身体质。"我们的体质常常威胁我们，可是任何人也不敢藐视它的权利。诚然，我们能够超越体质的限制，但这么一来，我们也就垮得更快；在这种情况下，我们就是冒险把大厦建筑在残破的废墟上，我们的一生也就变成一场精神原则和肉体原则之间的不幸的斗争。"[1]可以看出，马克思认为健康的身体是确立崇高职业理想的前提。此外，马克思认为在选择职业时还要考虑个人能力。"如果我们错误地估计了自己的能力，以为能够胜任经过较为仔细的考虑而选定的职业，那么这种错误将使我们受到惩罚。即使不受到外界的指责，我们也会感到比外界指责更为可怕的痛苦。"[2]由此可见，马克思十分强调准确评估个人能力的重要性。另外，马克思认为还要考虑自卑的影响。"如果我们选择了力不胜任的职业，那么我们决不能把它做好，我们很快就会自愧无能，就会感到自己是无用的人，是不能完成自己使命的社会成员。由此产生的最自然的结果就是自卑。还有比这更痛苦的感情吗？还有比这更难于靠外界的各种赐予来补偿的感情吗？自卑是一条毒蛇，它无尽无休地搅扰、啃啮我们的胸膛，吮吸我们心中滋润生命的血液，注入厌世和绝望的毒液。"[3]这点对高职生职业价值观的教育非常重要。受多种因素的影响，高职生相比本科生更容易感到自卑，这需要有针对性地对高职生进行职业价值观教育。

2. 客观条件

马克思认为父母影响着子女职业理想的确立。"当我们丧失理性的时

---

[1] 马克思恩格斯全集:第1卷[M].北京:人民出版社,1995:457.

[2] 马克思恩格斯全集:第1卷[M].北京:人民出版社,1995:458.

[3] 马克思恩格斯全集:第1卷[M].北京:人民出版社,1995:457-458.

候，谁来支持我们呢？是我们的父母，他们走过了漫长的生活道路，饱尝了人世辛酸。"[①]一个人的社会关系也对其树立职业理想有一定的影响。马克思认为，"我们并不总是能够选择我们自认为适合的职业；我们在社会上的关系，还在我们有能力决定它们以前就已经在某种程度上开始确立了"[②]。

综上所述，我们要引导高职生在选择职业时考虑自身主客观条件。首先从主观条件来看，高职生对自身要有一个客观和全面的了解，确立符合自身特点的职业理想，这在一定程度上可以减少弃岗离职的频率，有利于个人的长远发展。另外，从客观条件来看，高职生要对"现有的社会关系"有一个客观和全面的了解，要多关注时事，多接触社会，确立符合社会发展需求的职业理想，这在一定程度上可以少走弯路。

二、中华优秀传统职业观

中国传统职业观具有国家本位倾向，推崇忠于君王、集体和家庭的理念，更多地考虑国家、集体或他人。比如孟子强调"穷则独善其身，达则兼善天下"，其主旨在于鼓励人们心怀国家。孟子还提出"乐以天下，忧以天下"，其主旨在于希望君王胸怀国家。范仲淹提出"先天下之忧而忧，后天下之乐而乐"，他强调要以国家和民族的利益为先。中国古代圣贤的著述中还有很多关于职业观的，概括起来值得我们学习借鉴的主要有以下两个方面：

第一，要学习古代先贤，重视远大理想的树立。孔子很重视教育学生尽早确立远大理想。孔子在《论语·为政》中谈到"十有五而志于学"。孔子还教育弟子要认识到理想的重要作用，他在《论语·子罕》中谈到："三军可夺帅也，匹夫不可夺志也。"意思就是说军队的主帅可以改变，男子汉（有志气的人）的志气却不可以改变。孔子借此告诉学生，一个人应该坚定信念，矢志不渝。《论语·先进》中记载了孔子与弟子们关于理想的对话。

---

① 马克思恩格斯全集：第1卷[M].北京：人民出版社,1995:457.

② 马克思恩格斯全集：第1卷[M].北京：人民出版社,1995:457.

在对话中孔子用了"各言其志"来让学生们各自抒发自己的理想。孔子主张了解学生时尽量做到"听其言而观其行"。同时，他主张通过"视其所以，观其所由，察其所安"来了解学生，使"知人"落在实处，而不是道听途说，人云亦云。孔子教育学生在追求远大理想的过程中要经受住各种考验，努力做到见利思义，义然后取，君子爱财，取之有道。在孔子的教育下，其弟子中多有以天下为己任的有志之士。

第二，要学习古代先贤，重视职业精神的培养。古代先贤很重视职业精神的培养，并提出了很多独到的见解。古代先贤很重视"敬"，比如孔子在《论语》中多次谈到"敬"，例如"敬事而信""君子敬而无失""执事敬""事思敬"等，孔子曾称赞子产"其事上也敬"，《礼记·学记》也谈到"敬业乐群"，这些都是指对待工作要严肃认真，信实无欺，尽量不出差错。荀子认为"凡百事之成也必在敬之，其败也必在慢之"。朱熹强调："敬字工夫，乃圣门第一义，彻头彻尾，不可顷刻间断。"他认为敬业者要努力做到"不怠慢、不放荡"。这些论述都阐述了敬业的重要性以及如何敬业。另外，古代先贤还追求"信"，也就是今天我们所说的"诚实守信"。孔子在《论语》中多次谈到"诚信"，例如，"人而无信，不知其可也""谨而信""信则人任焉"等。荀子也强调"商贾敦愨无诈，则商旅安，货通财，而国求给矣。百工忠信而不楛，则器用巧便而财不匮矣。农夫朴力而寡能，则上不失天时，下不失地利，中得人和，而百事不废"。荀子认为诚信是所有职业的基本准则，只有每个行业的从业人员都讲诚信了，国家才能发展，社会才能稳定。从中可以看出诚信对各行各业的发展至关重要。当然，古代先贤还有许多关于职业精神的论述，他们留下来的这些宝贵精神财富对今天培养职业精神仍有重要的指导意义。

我们要批判地继承中国传统职业观里面的合理成分，古为今用。在继承的基础上，我们要抛弃诸如官本位的倾向以及职业等级观等不利于社会和个人发展的思想。学而优不一定要仕，职业不分高低贵贱，各种职业对社会的发展都有不可替代的作用。现代社会给人们提供了多种选择，我们要根据社会的发展和自身的实际做出理性的选择。

三、西方职业生涯规划理论

欧美等西方国家开展专业化的职业指导理论与实践研究要早于我国，其职业教育课程实施和研究已经延伸到中小学。例如，美国的《国家职业发展指导方针》就规定：职业指导要从小学生开始。该指导方针从自我认识（包括对自我意识重要性的认识、与他人交往的技巧）、教育与职业关系的探索、对工作与学习的关系的认识、理解和使用职业信息的技能、对个人责任和良好工作习惯的重要性的认识、对工作与社会需求和社会功能之间的关系的认识、职业规划等方面设置课程模块，分别按小学、初中、高中、成人（含大学）设定了相应的能力要求，并给出了相应的评价指标。

与这些欧美国家相比，我国的学校职业指导教育仍较为滞后。国外在中小学开设的综合性职业指导课程的实践具有较为系统的职业指导理论与实践研究基础。例如，这些系统性的研究成果包括以苏帕（Super）、马兰（Marland）等人为代表的职业生涯发展理论，还包括斯特朗（Strong）、库德（Kuder）、霍兰德（Holland）等人提出的职业兴趣理论和各自相应的测量工具，以及以施恩（Schein）为代表的职业锚理论。这里主要介绍霍兰德的职业兴趣理论、施恩的职业锚理论，以及由迈尔斯（Myers）和布里格斯（Briggs）首创并被后人发展的MBTI职业性格理论。

（一）霍兰德职业兴趣理论

霍兰德职业兴趣理论把职业分为六种基本类型，并由这些基本职业类型内在气质的不同组合派生出其他的职业类型，并认为每个人都对应于一种较为适合的职业类型，该理论对于人们进行职业初期的职业岗位定位具有较大的指导意义。

霍兰德教授提出了职业兴趣六边形模型，六边形的每个顶点对应一种基本类型的职业性格品质，它们分别是：现实型（R）、常规型（C）、企业型（E）、社会型（S）、艺术型（A）、研究型（I）。其中，现实型职业性格的人一般身体健壮，缺乏书面和人际交往技巧，喜欢户外或动手操作的职业；常规型职业性格的人一般适应且喜欢程序性的工作；企业型职业性格的人一般有着很好的销售和经营技巧，适合商业和管理工作；社会型职业性格的人一般喜欢用社交能力去解决问题，喜欢帮助他人，偏爱教育和服务工作；艺术型职业性格的人一般主张个体主义、避免传统，偏爱审美追求；研究型职业性格的人一般偏爱任务导向思考，喜欢批判性思维，适合从事研究工作。

六边形的六个顶点两两之间的关系又分为三种：相邻关系（最大相似）、相隔关系（中等相似）和相对关系（最不相似）。具有相邻关系的两种类型之间个体的职业性格相同之处较多，比如现实型（R）与研究型（I）的人都不太偏好人际交往等。相对关系（例如R与S，其余类似）的人职业性格共同点非常少。具有相隔关系（例如R与A，R与E，其余类似）的两种类型的人的职业性格的相似程度介于相邻关系与相对关系之间，他们职业性格的相似程度比相对关系高，但又比相邻关系低。

霍兰德本人及其研究团队认为上述六种职业类型对于极少数人是恰好完全符合的，但对于大多数人来说，都有一个相对符合的类型。该理论认为，职业兴趣六边形内部每一个"有序三角形"构成一个基本的职业性格类型（例如RIA、RIC、RIS、RIE，其余类似），并且RIA与RAI、IAR、ARI等虽然都是由R、I、A三个顶点构成的，但由于其顶点的排序不同，它们分别表示不同的职业性格类型。每一种职业性格类型又分别对应若干种职业领域，例如"RIE"对应的职业领域包括航空工程、建筑和桥梁工程和电力工程等，"REI"对应的职业领域包括航海领航员、大副、船长等，"IRE"对应的职业领域包括化学工程师、化验员和渔业技术专家等。霍兰德运用这种方法所提出的各个职业性格类型所对应的各个职业领域涵盖了美国劳工部所拟的国家各种职业岗位目录。上述"有序三角形"由于顶点排序不同，分别代表不同的职业性格类型，相应地，它们各自可能适宜的职业岗位也不同。霍兰德团队还编制了职业性向测试（VPI）和自我导向搜索量表（SDS）两种测量工具。使用这两种测量工具，接受测试的人能够获得一个三位代码，通过这个代码可以评判自己的职业兴趣类型和比较适合自身的职业领域。

当前我国高职生对于自身的职业岗位定位存在模糊认知的倾向，我们可以运用霍兰德职业性格问卷测量出每一个高职生个体的职业性格构成基本要素，例如其职业性格如果是由 R、I、E 组成，需要进一步研判由这三个要素构成的不同的职业性格类型（如"RIE""REI""IRE"等），分析具体是哪一种与高职生职业性格更具有一致性的特征，以确定高职生职业偏好所对应的职业性格类型。

运用霍兰德职业兴趣理论有利于在高职院校开展高职生职业兴趣的探索教育，为他们找准适合自身职业兴趣的职业岗位打下良好的自我认知基础，从而为他们职业生涯发展创设良好的开端。当然，我们需要注意这种职业兴趣理论是在西方文化环境中开发和实施的，因此要结合本土文化进行适合自身的理论与实践探索，以促进我国国民的职业生涯教育工作的有效开展。

（二）职业锚理论

埃德加·施恩领导的团队经过多年的调查研究提出了职业锚理论。职业锚"是指当一个人不得不做出选择时，无论如何都不会放弃的那种至关重要的东西，它是人们内心深层次的价值观、能力和动力的整合体，它体现了真实的自我。他把职业锚分为技术或功能型、管理型、创造型、自主与独立型、安全型、服务型、挑战型、生活型等八种类型[1]。他编制了职业锚问卷，这个问卷是国外职业测评中运用最广泛、最有效的工具之一。运用此理论和问卷可以帮助高职生通过测评和分析来更好地认识自我，明确自己的能力、需要和价值观等，尽早选出适合自己的职业方向，并为自己的未来发展早做准备，从而减少频繁跳槽对个人和单位的不利影响；在此基础上还能帮助高职生更好地进行职业生涯规划，挖掘自身的潜能，更好地发展自我。比如对于测评结果是技术或功能型的高职生来说，他应明

---

① 陶礼军.基于职业锚理论的大学生择业观分析与对策研究:以绍兴市为例[J].学术论坛,2013(12):210-213.

白要努力提高自身技能，这样才能逐步得到这个领域专家的认可，从而提高自己的专业地位和更加深入自己的专业领域。

（三）MBTI职业性格理论

MBTI职业性格理论是由迈尔斯和布里格斯首创，并由美国心理类型应用中心、咨询心理学家出版社，以及MBTI信托机构合作，进行后续开发和研究而丰富和完善的一种职业性格理论。

迈尔斯和布里格斯于1942年基于荣格（Jung）的心理认知类型理论提出MBTI职业性格理论，可概括为四个维度八个极向，其中包括：个体能量的流动方向（外向E与内向I）、个体获取信息的感知方式（感觉S与直觉N）、个体处理信息的决策方式（思考T与情感F）、个体与周围世界的接触方式（知觉P与判断J），这样就把人的职业性格分为16种类型。在这一理论指导下，结合实践调研，他们研制并开发出了MBTI职业性格类型量表，后又经美国心理类型应用中心、咨询心理学家出版社，以及MBTI信托机构通力合作，对这一理论和测量工具进行修订、完善和发展，历经STEP Ⅰ、STEP Ⅱ和STEP Ⅲ三个阶段，从而使得该理论和测量工具对于人格差异的诠释，由类型间差异到类型内差异，再到个体间差异成为可能。

班级授课制模式下的高职生职业价值观教育更需要以关照"个性化"的职业指导为有益补充。为此，我们可以以马克思关于人的"全面而自由的发展理论"为指导，借鉴和运用MBTI职业性格理论和测量工具的合理成分，在对高职生职业价值观教育进行"班级授课制模式"关怀的同时，适时适度地开展具有针对性的"个性化"的职业价值观问题诊断与教育引导。

第三节 职业价值观结构解析

依据马克思主义哲学视域中的价值内涵，笔者在对职业价值观结构已有研究成果进行梳理的基础上，从新的视角解析了职业价值观结构。

一、已有研究成果分析

梳理职业价值观的已有研究成果发现，职业价值观结构的呈现主要有"一阶二元结构说""一阶三元结构说""一阶四元结构说""一阶多元结构说""二阶多元结构说"等。"一阶"和"二阶"的区别在于："一阶"是指对职业价值观进行一次维度划分以后，所得到的每一个维度不再进行二次的维度划分；而"二阶"则是指对职业价值观进行一次维度划分以后，所得到的每一个维度还要进行更进一步的二次维度划分。

（一）一阶二元结构

"一阶二元结构说"的代表主要有：Herzberg等的"内在价值"和"外在价值"[1]两个维度的划分，Rokeach的"目的性职业价值观"和"工具性职业价值观"[2]两个维度的划分，Mortimer等的"外在价值建构"和"内在价值建构"[3]两个维度的划分。他们主要是从价值属性的视角进行职业价值观维度划分的。

（二）一阶三元结构

"一阶三元结构说"的代表主要有：Super的"内在价值""外在价值"

---

[1] Herzberg F,Mausner B, Snyderman B B. The motivation to work [M]. New York: John Wiley & Sons, 1959.

[2] Rokeach M. The nature of human values [M]. New York:Free Press, 1973.

[3] Mortimer J T, Pimentel E E, Ryu S, et al. Part-Time work and occupational value formation in adolescence [J].Social Forces, 1996(4): 1405-1418.

以及"外在报酬"①三个维度的划分，Alderfer的"内在价值""外在价值"和"社会价值"②三个维度的划分，Elizur的"情感""认知"和"工具"③三个维度的划分，Mortimer的"外在取向""自我表现取向""人际共事取向"④三个维度的划分，Smith等的"自我决定维度""社会关系维度"和"工作场所结构维度"⑤三个维度的划分，Eakman等的"具体价值维度""符号价值维度"和"自我奖励维度"⑥三个维度的划分，凌文辁等的"声望地位""发展"和"保健"⑦三个维度的划分，等等。

（三）一阶四元结构

"一阶四元结构说"的代表主要有：Ros等的"内在价值""外在价值""社会价值"和"威望价值"⑧的四元结构维度划分，王垒等的"经济报酬与工作环境""个人成长与发展""组织文化与管理方式""社会地位与企业发展"⑨的四元结构维度划分，俞宗火等的"保健因素""职业人际"

---

① Super, Donald E. The structure of work values in relation to status, achievement, interests, and adjustment [J]. Journal of Applied Psychology, 1962(4): 231−239.

② Alderfer C P. Existence, relatedness and growth: human needs in organizational settings [M]. New York: Free Press,1972.

③ Elizur, Dov. Facets of work values: a structural analysis of work outcomes [J]. Journal of Applied Psychology, 1984(3): 379−389.

④ Jeylan T,Mortimer. Occupational value socialization in business and professional families [J]. Sociology of Work and Occupations, 1975(1):29−53.

⑤ Smith T J, Cynthia C. The structure of O* NET occupational values [J].Journal of Career Assessment, 2006(4): 437−448.

⑥ Eakman A M, Eklund M. Reliability and structural validity of an assessment of occupational value [J].Scandinavian Journal of Occupational Therapy, 2011(18): 231−240.

⑦ 凌文辁,方俐洛,白利刚.我国大学生的职业价值观研究[J].心理学报,1999(3):342−348.

⑧ Ros M, Schwartz S H, Surkis S. Basic individual values, work values, and the Meaning of work [J]. Applied Psychology: an international review, 1999(1):49−71.

⑨ 王垒,马洪波,姚翔.当代北京大学生工作价值观结构研究[J].心理与行为研究,2003(1):23−28.

"声望地位"和"自我实现"①的四元结构维度划分等。

（四）其他一阶多元结构

一些研究人员对职业价值观提出了一阶多元结构的划分。例如，"一阶五元结构说"的代表有郑伦仁的"进取心""自主性""经济价值""声望"和"工作安定性"②的维度划分，"一阶六元结构说"的代表有Dierdorff等的"成就""独立""利他""地位""舒适"和"安全"等的维度划分③，"一阶八元结构说"的主要代表有于海波等的"愉悦""自我提高""人际关系""家族""贡献""威望""物质"和"环境"④的维度划分，吕厚超等的"发展促进""家庭关照""职业保健""企业状况""人事状况""个人声望""企业声望""生活享受"⑤的维度划分；等等。

（五）二阶多元结构

一些研究人员对职业价值观在进行一阶结构划分的基础之上又进行了二阶结构的划分，提出了"二阶多元结构"。例如，宁维卫在把青年的职业价值观划分为"内在职业价值""外在职业价值"和"外在报酬"以后，又分别对这三个维度进行了二阶划分："内在职业价值"划分为"进取心""自主性"和"社会贡献"等，"外在职业价值"划分为"人际关系"和"工作环境"等，"外在报酬"划分为"经济价值""生活方式""工作安定

---

① 俞宗火,滕洪昌,戴海崎,等.当代硕士研究生职业价值观研究[J].应用心理学,2004(3):37-40,46.

② 郑伦仁,窦继平.当代大学生职业价值观的定量比较研究[J].西南师范大学学报(哲学社会科学版),1999(2):70-75.

③ Dierdorff E C, Morgeson F P. Getting what the occupation gives: exploring multilevel links between work design and occupational values[J]. Personnel Psychology, 2013(3):687-721.

④ 于海波,张大均,张进辅.高师生职业价值观研究的初步构想[J].西南师范大学学报(人文社会科学版),2001(2):61-66.

⑤ 吕厚超,缪黎.大学生职业价值观问卷的初步编制[J].中国青年研究,2008(3):67-69.

性"和"声望"等①。金盛华等把大学生职业价值观进行了一阶划分，划分为"目的性职业价值观"和"手段性职业价值观"，进而又进行了二阶划分："目的性职业价值观"包括"家庭维护""地位追求""成就实现"和"社会促进"，"手段性职业价值观"划分为"轻松稳定""兴趣性格""规范道德""薪酬声望""职业前景"和"福利待遇"②。张文毅等对职业价值观结构进行了一阶划分，划分为"目的性职业价值观""手段性职业价值观"和"规则性职业价值观"，进而又进行了二阶划分："目的性职业价值观"划分为"个人发展""地位追求""家庭维护"和"社会促进"，"手段性职业价值观"划分为"工作硬环境""薪酬福利"和"工作软资源"，"规则性职业价值观"划分为"权利准则""大众准则"和"自释准则"③等。

上述研究工作至少可以给我们两点启示：一是要从多元视角来分析职业价值观；二是要对多元要素构成的职业价值观进行逻辑分析，可以进行职业价值观的二阶多元结构探索。为此，我们结合访谈所搜集到的有关信息，并从价值主体、价值客体以及价值主、客体关系的视角，进行职业价值观构成要素及其相互关系的探讨。

二、职业价值观构成要素

职业价值观的结构包括职业价值观的构成要素及各个构成要素之间的相互关系。如前文所述，职业价值观的既有研究成果，往往都是以马斯洛的需要层次理论为自身的立说之本④。当下有必要从马克思主义哲学出发对价值视域的"人的需要"进行再审查。"马克思是从人类需要的系统发生出来研究人的需要问题的……马斯洛则主要是从人的需要的个体发生出

① 宁维卫.中国城市青年职业价值观研究[J].成都大学学报(社会科学版),1996(4):10–12,20.

② 金盛华,李雪.大学生职业价值观:手段与目的[J].心理学报,2005(5):650–657.

③ 张文毅,李汉邦,王建军.大学生职业价值观基本层面结构的实证研究[J].北京体育大学学报,2011(1):77–78.

④ 殷雷.当代大学生职业价值观调查研究[J].心理科学,2009(6):1521–1523,1478.

发来研究人的需要问题的。"①马克思说："人的本质不是单个人所固有的抽象物，在其现实性上，它是一切社会关系的总和。"②从这个意义上说，大学生在择业应聘时，如果招聘与应聘双方存在先在的交往经历，此时双方就是社会关系在职业语境的再强化；如果双方不存在先在的交往经历，此时双方就是社会关系在职业语境的新建构。职业价值观视域的"价值"从根本上来说还是"人对人的价值"，而不是"物对人的价值"，职业岗位只是这种价值实现的中介，是职业个体与职业团队进行价值实现的场景，为二者进行价值实现提供时空条件。但这种职业价值实现最重要的条件还是"人的因素"，职业个体以职业团队为实现条件，职业团队以职业个体为实现条件。因此，职业价值的实现是二重的"主体客体化"和"客体主体化"的过程，即：职业个体以自身为主体，以职业岗位体系与职业团队为客体，进行一重的"主体客体化"和"客体主体化"；而职业团队以团队自身为主体，以团队成员个体和团队岗位体系为客体，进行另一重的"主体客体化"和"客体主体化"。因此，从一定意义上说，职业个体与职业团队互为职业价值实现过程的主客体，是交互的"二元"价值主体，他们进行双向的价值建构。

从二重"主体客体化"和"客体主体化"的认知视角出发，可以发现高职生职业价值观的结构是一种关于职业价值属性的双重对象性的实在观念结构。它是由"主体需要""职业偏好"和"互动感观"构成的。如图2-1所示，主体需要维度用以刻画职业个体或团队在观念层面对自身发展需要的心理预设。当价值主体是个体时，反映的是个体的职业价值观结构；当价值主体是团队时，反映的是团队的职业价值观结构。职业偏好维度用以刻画职业个体或团队在观念层面对某种职业在社会职业系统中的地位、作用等职业外部属性，以及该职业岗位的内在规范、活动特征、晋升机会、激励程度等职业内部属性的心理认知与偏好抉择。互动感观维度是指由职业主体在具体职业情境中，基于一定的职业岗位体验，而从"互动

---

① 迟克举.马克思与马斯洛关于人的需要理论之异同[J].社会科学,1989(1):54.

② 马克思恩格斯选集:第1卷[M].北京:人民出版社,2012:139.

目的性""互动实践性"和"互动实效性"等层面，统合主体需要与职业偏好、调和各类职业价值冲突、纠正各类职业价值偏离等所进行的价值对话与价值建构的系统性过程，并由此产生价值主体对于自身主体需要在具体职业岗位情境中所能得到满足程度的评判认知。它用以刻画职业个体或团队在观念层面为实现自身的发展需要而与社会系统相协调、相统合的过程。坐标原点是主体的现实职业方位感，它联系职业价值观结构坐标系的三个维度。度量单位则因主体而异，主体因各自的职业价值认知的不同而对自身职业价值观各个维度的度量单位的选择呈现出差异性。总之，职业价值观是一种双向价值意向投射的实在观念结构，它是由"主体需要""职业偏好"和"互动感观"构成的"三维一体"的空间立体结构。

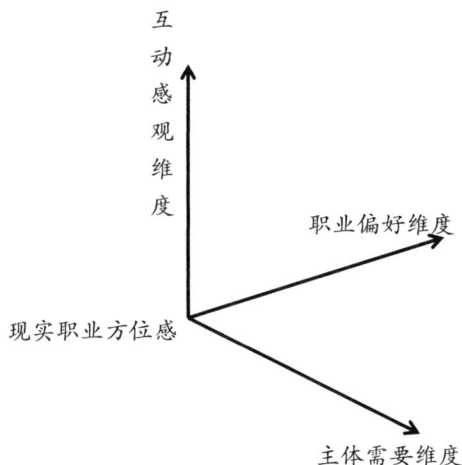

图2-1　三维一体职业价值观结构图

结合前人研究成果以及我们所做的调查和访谈，笔者进一步细化了职业价值观的二阶11个维度的结构。例如，主体需要包括"生活维护""岗位期望""个性匹配"和"自我能动"等4个子维度；职业偏好包括"职业声望""晋升知觉""工作创新"和"创业认知"等4个子维度；互动感观包括"道德规范""组织气质""团队维护"等3个子维度。这样就构建了职业价值观结构的理论框图，如图2-2所示。

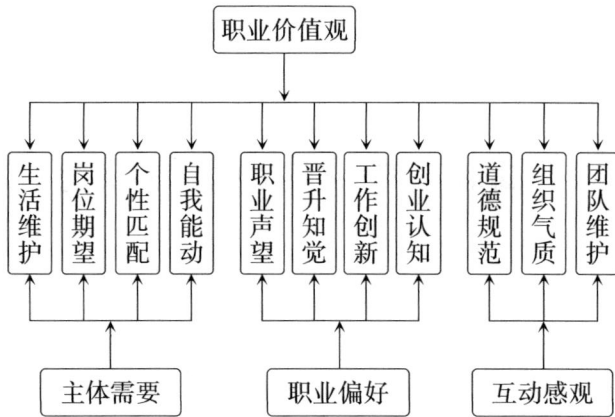

图2-2　职业价值观结构的理论框图

第三章　高职生职业价值观的形成与发展

职业是人与社会联系的主要桥梁和纽带，职业价值观是人生价值观的集中体现。清晰的职业价值观通常是人们在进入职业活动之后才逐步形成的。在此之前，人们往往是先有朦胧的职业兴趣或喜好，随着自我意识和职业认知或感知的发展，特别是对人职匹配关系的理解和体验，这一兴趣或喜好可能会发生变化，最终形成一定的职业选择意向、职业意义感和价值感。只有到这个时候，相对清晰、稳定的职业价值观才开始形成。从总体上看，真正稳定的职业兴趣是在职业实践中逐步形成的。职业价值观就是朦胧的职业兴趣经过职业实践的"淬炼"而形成的稳定的职业兴趣。职业价值观在整个人的价值观体系（包括生死观、生活观、爱情婚姻家庭观、消费观、休闲观、人生快乐与幸福观等）中形成相对较晚。人们通过职业活动为服务对象提供服务，找到了体现和实现人生价值的舞台，锻炼了创造人生价值的能力，为职业价值观的形成奠定了坚实而丰富的感性实践的基础。

高职生职业价值观的形成从总体上看，经历了从模糊到清晰，从单一到丰富，从不稳定到稳定，从碎片化到整体化，从零散性到系统性的过程。职业价值观具有一定的隐蔽性，不经过认真细致的分析和丰富的实践体验就很难意识到，这需要教育工作者帮助高职生逐步澄清自己的职业价值观。职业价值观是多元的，有的人注重声望，有的人注重待遇，有的人多重兼顾，不同的角色看问题的角度也不一样。因此，教育工作者要有包容之心，求同存异。职业价值观是不断变化的，高职生的职业价值观虽然已经出现但还不稳定，经常会左右摇摆，需要教育工作者及时地、不断地加以教育和引导，使其不偏离方向。职业价值观刚开始形成时是零散的，后来随着高职生思想的不断成熟和经验的日益丰富，他们的职业价值观才日益整体化和系统化。这里主要探讨高职生职业价值观形成的一般过程、影响高职生职业价值观的主要因素、高职生职业价值观形成和发展机制。

第一节　高职生职业价值观形成的一般过程

高职生职业价值观的形成一般可以分为大学前阶段、大学阶段和职场阶段三个阶段。

一、大学前阶段

在接受基础教育的过程中，学生对职业的感知和了解主要来源于以下三个方面：一是父母及亲朋好友的职业情感和态度，二是对教师、医生、导游等日常学习和生活可能接触到的职业的直接感知，三是教材、大众传媒、文艺作品中塑造的职业角色形象。高职生直接和间接感知的职业形象对其产生了初步的、朦胧的、带有很大不确定性的影响。其中，父母的影响在一般情况下是占据主导地位的。在这一阶段，还有一些偶然的事件或境遇也会对他们未来的职业价值观产生一定的潜在影响。比如，家庭的生活事件也有可能对孩子的职业认知产生一定影响，有的甚至成为孩子进行职业选择的关键因素。例如，在访谈中就有这样一个案例，小刘同学的亲叔叔因患癌症而英年早逝，由于叔叔特别疼爱小刘同学，叔侄二人关系十分亲密，叔叔英年早逝对小刘同学打击很大。痛定思痛，为了能够挽救亲人以及其他病人的生命，小刘同学毅然立志做医生。这一阶段的学生对某些职业有些朦胧的向往和期待，对另一些职业有时会产生负面的鄙弃的意识。但总体说来，这些意识都是初步的、不稳定的，往往局限于对具体职业的态度或意向，还谈不上形成了职业价值观，但为未来的职业价值观的形成打下了感性的基础。

二、大学阶段

大学的学习是分专业的，而专业又往往与未来从事的职业相联系。高职生在专业选择和学习的过程中，加深了对与专业相关的职业或行业的了解，增强了职业意识和观念，特别是在专业见习、实训、实习的过程中，职场的角色扮演、互动关系、活动情境、事件故事等都给高职生留下了丰富的情感体验和深刻的记忆。这些体验和记忆积累为对职业的感性经验，使得原先模糊、朦胧、想象中的职业意识和观念具体化、清晰化（这里的职业是广义的，包括行业与岗位）。高职生的职业价值观还直接受到学校开展的职业道德教育的影响，无论是系统的职业道德教育课程（通常是与专业相联系的职业道德，如师范院校的教师职业道德、医学院校的医德等），还是专题讲座、劳模报告、优秀校友的交流分享等，都会对高职生的职业价值观产生一定的影响。大学阶段高职生的职业价值观总体上处于由学校到职场的过渡形态，比前一个阶段更感性、更具体、更清晰，但与真正进入职场后形成的价值观相比仍有很大的不同。

三、职场阶段

刚进入职场的高职毕业生往往都对所从事的职业有一定的美好期望，而现实的职场环境可能与期望存在一定差距。尽管当代高职生更加现实或务实，且高职生在学校期间接触企业的机会较多[1]，相对来说，他们的理想与现实的差距可能小些，但作为高职生，这是人生必经的阶段和无法回避的人生话题，代际、时代和人才培养模式的区别仅仅是程度上的。学生的角色与员工的角色总是不同的，观念的存在和现实的存在总是有差距的。高职毕业生进入职场开始自己的职业活动，与作为学生的实习有着很大的不同。除了时间的长短、投入的程度，最大的不同是随着身份的转换（实习生到员工），别人对自己的期望和要求不同了。实习时，有师傅指导，周围的人都会有意无意营造一个符合其作为学生或实习生

---

① 校企合作已是高职生人才培养的普遍模式。

的环境，对其过失或失误给予理解和宽容。这一文化氛围对一个职场新人来说，也许还会延续一段时间，但终究是短期的。在由人为制造的宽松文化环境转向真实环境的过程中，高职毕业生就会面对能否适应的问题。对高职毕业生来说，进入职场时的环境适应问题是一个难以回避的问题。这里说的环境，主要是指隐性的软环境即文化环境。环境适应的实质是文化适应，而价值观是文化的核心。高职毕业生作为职场新人，其既定的职业价值观走向在很大程度上决定了其能否适应职场的文化环境。这里所说的适应不同于顺应。顺应是指以适应环境、正视现实为由，放弃自己原有价值观，不惜与世俗甚至是庸俗的价值观同流合污。真正对环境的适应不是简单地顺应，而是有鉴别、有选择地认知重构、价值重组，即去除原有价值观中不切实际的空想成分，从实际出发，立足现实条件，更加务实地一步一个脚印朝着自己认定的价值目标前行。高职生走向职场进入社会以后，不适应环境是正常的，但应注意避免两种倾向：一是在不如意的现实面前，为了适应现实环境而逐步放弃自己原有的价值观；二是坚守自己的价值观念，从内心抵制、排斥不如意的环境，自视清高，最后与现实中的人和事格格不入，导致自己越来越被孤立。

第二节　影响高职生职业价值观的主要因素

本节主要从家庭成员职业感知与互动、学校职业价值观教育状况、社会显性价值取向和个人职业自我认知等视角来分析影响当代高职生职业价值观的主要因素。

一、家庭成员职业感知与互动

"家庭是人生的第一个课堂，父母是孩子的第一任老师。"[1]习近平总书记在会见第一届全国文明家庭代表讲话时，就对全国的家庭提出了殷切希望：第一，希望大家注重家庭；第二，希望大家注重家教；第三，希望

---

[1] 习近平谈治国理政:第2卷[M].北京:外文出版社,2017:354.

大家注重家风①。家庭环境对于子女包括职业价值观在内的全方位的发展都将产生重要影响。父母是孩子的第一任老师，父母对于社会职业的认识和看法会对子女的职业价值观的初步形成产生重大影响。这里笔者主要从父母职业认识、父母职业情感和互动交流次数的视角，探讨家庭因素对子女职业价值观的影响。

（一）父母职业认识

父母职业认识对于子女职业价值观的形成和发展影响最早，比如父母对某种职业或自己所从事的职业的评价会在不知不觉中先入为主地对孩子产生直接影响。笔者通过调查发现，高职生多来自农村或乡镇，其父母的受教育水平较低，在职业规划和职业价值观的形成过程中，能够给予他们的指导和点拨相当有限。例如，我们的调查结果表明：高职生来自农村和乡镇的占68.3%，来自县城的占15.9%，而来自地级市以上城市的仅占15.8%。同时，在这个调查样本中，父亲受教育程度是初中学历及以下的高职生高达77.5%，父亲是高中或中专学历的高职生占15.3%，父亲是高中以上学历的高职生仅占7.2%；而母亲受教育程度是初中学历及以下的高职生高达85.4%，母亲是高中或中专学历的高职生占11.1%，母亲是高中以上学历的高职生仅占3.5%。受自身受教育水平等因素的限制，高职生父母能够给予他们的职业选择指导有限。

（二）父母职业情感

父母对所从事职业的情感和态度会潜移默化地影响孩子。比如，如果父母热爱自己的职业，可能会对孩子未来步入职场产生积极影响；如果父母有明显的职业倦怠，则可能会对孩子未来进入职场产生消极影响。当然，就大多数父母而言，他们对职业或工作可能既谈不上热爱，也谈不上倦怠。为了谋生，他们认真地对待工作，一般不会对孩子产生消极影响。在现实生活中，最可能影响孩子的是父母的同事或与父母从事职业相关的

---

① 习近平谈治国理政：第2卷[M].北京：外文出版社，2017：353-355.

人（服务对象等）在相互交流中流露出的职业情感。当然，这些影响在早期还只限于对某一具体职业的感性印象或情感倾向，是零星的、朦胧的、不稳定的，却有可能构成孩子以后职业价值观形成的基调和底色。孩子在观察其父母对待职业的态度及听到父母对职业的评价时会形成对某一具体职业的初步感知。

（三）互动交流次数

自身受教育水平的限制在较大程度上影响了父母对于社会职业系统的有效认知，这样在日常生活中他们往往很少与孩子探讨职业、探讨人生，即便是当孩子有意主动与父母探讨职业问题时，他们也往往采用避重就轻等冷处理方式，或者不予回应。笔者的调查显示：对于未来想要从事的职业，父母与您交流的次数，选择"根本没有交流"的占42.7%，选择"仅偶尔有交流"的占52.2%，而选择"有多次交流"的仅占5.2%。因此，要有效开展高职生的职业价值观教育，对于高职生父母的相关教育和指导也是不可缺少的一环。

二、学校职业价值观教育状况

学校开展的思想政治品德教育对于学生的成长成才起着关键作用。这种功能效用具有四个特点：阶级性、导向性、全面性、潜隐性[1]。同样，学校教育是学生职业价值观形成和发展的关键影响因素。这里笔者主要从以下三个方面探讨学校教育对于学生职业价值观形成和发展的影响。

（一）普通中小学关于职业教育的相关课程

中小学学生的职业价值观处于萌芽阶段，他们在日常生活中密切接触的长辈或老师对他们职业价值观的形成和发展，将产生一定影响。然而，由于中小学职业教育课程内容较少等因素的影响，中小学学生较难接触到

---

① 陈万柏,张耀灿.思想政治教育学原理[M].3版.北京:高等教育出版社,2015:111-112.

较为系统的职业价值观教育。

（二）高职院校关于职业教育的课程建设

在高职院校高职生接受的更多是专业知识和技能的培育，而关于职业心理、伦理等方面的教育则存在缺位现象。高职院校"要以培养专业技能、创业能力、创新精神为主要方向，把培养职业能力、转变就业观念、提高职业道德水平紧密结合起来"①。创新、创业教育是当前高职院校亟待加强的教育举措。高职院校在日常教学活动中所开设的创新、创业课程，社会创业精英的报告或讲座，以及各个院系在相关网站所开设的创业论坛，无疑都会给高职生的创业认知、创业能力的提升提供有益的帮助。但是，必须指出，当前多数高职院校的创新、创业教育还需要不断加强。目前一些高职院校已经设置了创新创业学院，但多处于"务虚"状态。因此，如何才能让创新创业学院更"务实性"地运作是高职院校创业教育需要重点关注的问题。这里之所以提到创新创业教育，是因为这一教育不仅能提升学生专业知识和技能应用水平，更是高职生职业精神培养的有效形式。

（三）高职院校思想政治教育工作者队伍专业化建设

近年来，特别是全国高校思想政治工作会议以后，高职院校思想政治工作者队伍建设得到明显加强。但从总体上看，这支队伍的数量和质量仍有较大发展空间，包括职业价值观教育在内的思想政治教育仍然存在一些难以落细、落实的情况。例如，对于高职生"敬业精神"的教育往往止步于通用的共性层面，而很难深入具体的岗位操作规范。有效的敬业精神教育不能仅停留在理论说教层面，也不能仅仅去搞那种与专业岗位无关的社会实践活动，而是要真正了解自身专业领域内德艺双馨的专家日常工作流程，真正体悟"敬业精神"在这些专家身上是如何体现的。因此，专业化的思想政治教育工作者队伍或者专业化的德育工作者队伍的建设仍需要不

---

① 胡锦涛文选:第2卷[M].北京:人民出版社,2016:82.

断加强。

三、社会显性价值取向

每个时代都有其流行职业价值观。不同的职业在不同时代中的地位也是不同的。比如，军人、工人、商人等都曾先后成为我国社会在不同年代被人向往和崇尚的职业。这些职业的变迁无疑会对包括高职生在内的社会成员产生一定的影响。随着我国经济社会的快速发展和科学技术的不断进步，职业的代际更替更快，新职业不断出现，许多传统职业悄然消失。随着社会变革的加剧，职业的变动速度会加快，人们职业价值观的变化也随之加快，职业价值观的多样化、个性化以及多变性、差异性会日趋显著。这里主要从职业社会评价、明星光环效应和朋辈价值取向等视角来探讨社会流行职业价值观对于高职生职业价值观所产生的重要影响。

（一）职业社会评价

人总是生活在社会中的，一个人所从事的职业在一定程度上反映其社会地位。蓝领工人在 些人的眼里其社会地位难以用"崇高"或"高尚"来描述，高职生在就读高职院校之前，其本人及其父母对于蓝领工人社会地位的认知往往也存在偏差。随着"劳动光荣，技能宝贵，创造伟大"的理念逐步被社会普通公民所接受，人们对于蓝领工人的认知也正逐步改观。然而高职生对于就职单位社会声望的期望依然较高。例如，笔者在调查中发现，对于"工作单位规模大、知名度高"选择赞同的占64.3%，持反对意见的仅占7.6%；对于"工作能提高自己的社会地位"选择赞同的占65.4%，持反对意见的仅占8.0%。由此可以看出，当代高职生对于自己目标就业单位的性质、规模、知名度，以及社会地位等的期望依然较高。

（二）明星光环效应

高职生职业价值观的形成和发展还会受到明星效应的影响。这种明星或为影视娱乐明星，或为创业成功人士，或为初见创业成效的学长。有些在校的青年学子们感觉可以效仿一些影视娱乐明星成名之路。有些高职生受创业成功人士的创业效应所影响，坚守自己创业的梦想。但是影视娱乐明星或者创业成功的人士，对于很多高职生而言，往往难以企及。因此更多的高职生往往把自己创业的梦想投向了初见创业成效的学长。这些高职生认为这些学长们的创业模式更易复制，更易为自己所用。

（三）朋辈价值取向

朋辈文化对于思想政治教育和人的思想品德的形成和发展的影响主要表现为三个特点：自由性、互感性和独特性[①]。这些特点决定了朋辈价值取向在人的思想品德的形成和发展过程中具有其他因素难以起到的独特作用。这里笔者主要从朋辈价值取向中的个人价值取向和速成价值取向两个方面来分析。

个人价值取向在高职生朋辈群体中依然流行。个人价值取向是指人们在进行价值抉择和价值行动时，把实现个人自身的价值置于其他一切价值实现的首位，是个体一切价值抉择和价值行动的"内驱动力"和根本落脚点。受个人价值取向影响，人们在进行价值判断、价值抉择和价值行动时，把个人的自我价值置于优先地位，把自我作为目的，把他者作为手段。个人价值取向在当代高职生的朋辈群体中仍然存在。例如，部分高职毕业生往往仅看重个人的发展空间，而不是把个人的发展与单位的发展相联系；部分高职毕业生往往更看重薪资福利而很少关心自己为单位创造了多少价值或利润，重待遇享受而轻创造奉献。高职生朋辈群体中流行的这种个人价值取向对于高职生职业价值观的建构会产生一定程度上的负面影响。

速成价值取向在高职生朋辈群体中也依然存在。"一夜暴富""一夜成名"的认知观念对于当代高职生职业价值观的建构也有较大的负面影响。在现实语境中最直接的反映就是高职生的离职率高居不下，无论是个人发

---

① 陈万柏，张耀灿.思想政治教育学原理[M].3版.北京：高等教育出版社，2015：114-115.

展空间，还是薪资福利等，一旦与自己的期望有差距，相当一部分高职生便离职，甩手而去。受这种速成价值取向的影响，高职生个体往往是在一次又一次的社会碰撞中随机地修正自己的人生路线，而缺乏较为完善和系统的职业生涯规划。部分高职毕业生在毕业后的一年之内换了多份工作，便是这一"社会存在"最直接、最现实的写照。

四、个人职业自我认知

个体的内在因素是影响其职业价值观的内因，对高职生个体的职业价值观产生重要影响，这里主要从以下三个方面加以分析。

（一）个人的职业经历

个人的职业经历是影响职业价值观最直接的因素。高职生在进入职场之前的职业经历主要是参观、见习、实习、实训等。就对某一具体职业的认知而言，直接参与的现场感、情境感和故事性是最真切、最具体、最丰富的。如果说家庭、学校和社会教育使学生积累的是关于职业的间接经验的话，那么通过职业经历获得的经验就是关于职业的直接经验。这些直接经验也自然成为检验一切关于本职业间接经验的实践依据和判断标准。这些由亲身经历带来的直接经验越多越丰富，用来检验相应间接经验真假、好坏的依据或标准就越可靠。

（二）个体的现实职业方位感

个体的现实职业方位感是考量个体对于自身职业素养与当下社会现实职业系统是否对接，以及对接程度的重要指标，它影响并反映个体职业价值观的性状。"随着中国特色社会主义进入新时代，我国发展处于新的历史方位，我国社会主要矛盾已经转化为人民日益增长的美好生活需要和不平衡不充分的发展之间的矛盾。"[①]这一历史方位和社会主要矛盾的界定，是新时代高职生自我职业方位感构建的两个基本前提，脱离这两个基本前

---

① 习近平谈治国理政：第3卷[M].北京：外文出版社，2020：127.

提所建构的职业方位感，必将在社会实践中四处碰壁，只有回归到这两个基本前提，重塑自身的职业方位感，才可能在实践中"勇敢肩负起时代赋予的重任，志存高远，脚踏实地，努力在实现中华民族伟大复兴的中国梦的生动实践中放飞青春梦想"[①]。

当前我国高职生在职业方位感建构时仍存在对两个基本前提意识模糊的状况，这导致高职生的现实职业方位感与社会职业系统所规约的高职生职业方位感存在较大的偏差。例如，调查在校高职生中对于工作单位"规模大、知名度高"的态度倾向，选择赞同的占64.3%，选择反对的仅占7.6%，选择不确定的占28.1%，这说明高职生中超过六成的学生明确倾向于选择"规模大、知名度高"的单位作为自己的求职目标。但现实却是：广东省2017年高校毕业生就业质量年度报告指出，该省当年毕业生到企业就业的占76.25%，其中到有限责任公司和私营企业等小微企业就业的占59.42%；《2017年安徽省普通高校毕业生就业状况报告》指出，近5年安徽高校毕业生在三大类企业（即国有企业、三资企业、其他企业）就业分布差别不大，其他企业[②]吸纳了大量的高校毕业生，2013—2017年，每年都有超过85%的毕业生到三大类企业就业。

这在一定程度上说明在校高职生对于自身的现实职业方位感与社会职业系统所规约的职业方位感尚存在较大的偏差，这可能需要他们在现实的就业环境中不断地调整自身的职业方位感，以逐步趋于社会职业系统所规约的职业方位感。

（三）个体自我实现路径设计

寻求自身快速发展是每一个社会公民的合理诉求。新时代高职生同样拥有追求自身快速发展、成长的权利，这是问题的一个方面；问题的另一

---

① 中共中央文献研究室.十八大以来重要文献选编：上[M].北京：中央文献出版社，2014:278.

② 其他企业主要指各类民营企业和小微企业，详见《2017年安徽省普通高校毕业生就业状况报告》。

个方面则是，如何合理、合法地运用各种社会资源，为自己的快速发展、成长服务。现实的图景则是，部分高职毕业生在就业岗位工作往往不满一年就跳槽多次，而跳槽的理由中"个人发展空间不足"往往又排在首位，这种现象在浙江、江西、山东等省的高校毕业生就业质量报告中也都有所反映。这也从另一个角度说明：这些高职毕业生要么根本就没有预先设计自我实现的路径，要么就是他们虽然有所设计，但过于理想，难以应对社会职业系统现实的挑战。所以个体自我实现路径的设计意识和设计水平，对新时代高职生职业价值观的形成、维护与重构等产生重要影响。

总之，影响当代高职生职业价值观形成与发展的因素是多方面的，以上只是对此作了一些梳理。鉴于主客观原因所限，可能还存在一些非常重要的影响因素尚未被纳入讨论范围，这将促使我们在以后的研究中对此保持高度的学术警觉。

第三节 高职生职业价值观形成与发展机制

本节主要基于高职生个体人生的不同成长阶段，对他们职业价值观的形成和发展机制进行探讨，主要包括：行为观察-模仿机制、文化感知-浸润机制、兴趣责任-驱动机制、专业职业-选择机制、环境反应-反馈机制和需要满足-循环上升机制。

一、行为观察-模仿机制

进入幼儿园的幼儿，对职业的最初意识和观念来自父母、亲朋好友、老师、医生、交通警察、公共交通司乘人员等日常生活中常接触的人。许多幼儿喜欢做模仿老师上课、医生看病、公交司机开车等角色游戏，会分配自己和玩伴（小朋友或父母家人）在游戏中的角色，这反映出他们不仅仅是在简单模仿某些职业现象层面的活动形式，而是懂得这些职业活动的目的、内容和相互关系。还有一个有趣的现象，就是幼儿一般都不愿意到医院看医生，可能在他们的印象中，医生是和打针、吃药等这些痛苦的记忆联系在一起的。但奇怪的是，他们并没有因此而排斥医生，照样做模仿医生的角色游戏，有的甚至还表示长大了要当医生。这一现象，似乎在一定意义上说明了幼儿对某一职业角色的理解多少能够摆脱个人情感的限制，幼儿对职业的观察、模仿和想象无疑是其职业价值观形成的最初一步，至于这一步究竟在其职业价值观的形成中起到了什么作用，还有待进一步研究。幼儿的角色扮演游戏有利于突破自我中心，认识人与人之间、人与社会之间的关系，发展自己的个性，积极参与交往，求得与环境和人际关系的和谐。

二、文化感知-浸润机制

随着幼儿的成长和受教育程度的提高，他们逐步步入少年时期（大体为小学阶段），他们通过阅读（课内和课外）和对社会职业文化特别是流行文化的感知，对职业认知的范围逐步扩大，对职业意义的理解也逐步深入，并开始形成初步的、朦胧的、感性的、有倾向性的职业偏好。文化浸润对人的职业价值观的影响虽然不像幼儿时期的观察—模仿机制那样直接、明了，但因其潜移默化的长期浸润，主体往往深受其影响而不自知，因此其对职业价值观形成的影响其实远远大于幼儿简单、机械的行为模仿。

三、兴趣责任-驱动机制

从小学或初中开始，随着知识的丰富和眼界的拓展，特别是自我认知和自我意识的增强，在某些偶然事件的促发下，如喜欢某位老师的某门课，受到最亲近同学或朋友的兴趣或专长的影响，会产生对某些知识、能力的兴趣。如果这些萌发的兴趣能够及时得到支持和鼓励，就能够基本稳定下来，并得到不断的发展，从而形成兴趣与专长的良性循环。青少年学生兴趣与专长的形成为他们以后的专业选择和职业偏好奠定了良好的基础。除了兴趣之外，责任是另一个能够驱动或吸引青少年学生专业选择和形成职业偏好的主体内生动力。责任的形成与角色境遇有关，当我们处在某种角色境遇（如担任学生干部，父母离异、自己成为贫病母亲或年幼弟妹的唯一依靠等）中时，自己对角色的认知认同，特别是面对他人对自己的角色期待，一种责任感和担当油然而生。角色责任感驱使我们自主学习和锻炼相应角色的能力。这些能力虽然不一定指向某一具体职业，但对其职业价值观的影响是十分明显的。兴趣和责任驱动的意义也不主要在于形成了某些能力，更为重要的是使我们具有坚定的信念、顽强的意志、持之以恒的行为和面临困难不逃避、不退缩，敢于面对、勇于担当的精神品质。在兴趣与责任之间，兴趣往往更具驱动力，但兴趣往往是不稳定的，通常情况下，仅仅靠兴趣驱动是不够的。责任的驱动力虽然是被动的，可能是"不得已而为之"，但一旦形成，就具有更强的稳定性、长期性和可持续性。所以，兴趣和责任作为职业价值观中的内在动力，虽然都很重要，但相对而言，责任是一个更为可靠和持久的职业动力。

四、专业职业-选择机制

对于大多数初、高中毕业生而言，专业选择与职业理想开始成为难以回避、必须面对和思考的现实问题。不管是主动还是被动，积极还是消极，都必须作出选择。从这个意义上说，以从事什么职业为核心的职业理想或择业意向开始形成，职业价值观也开始进入人生价值观的观念体系。当然，对相当一部分缺乏明确的兴趣和责任的高职生而言，他们这时的职业价值观还是不成熟、不稳定的。专业的学习和职业道德的教育对职业价值观会产生一定的影响，但真正的职业价值观是进入职场以后才开始逐步形成和稳定的。

五、环境反应-反馈机制

这是进入职场后职业价值观形成初始阶段的主要作用机制。这一机制是从人与环境的关系上考察的。这里的环境是指职场的物质、制度和文化等有形和无形的环境。其中与工作岗位直接联系、每天都能感受到的小环境（如企业的车间、公司的科室等）对职场新人的刺激最直接，也最大。每个职场新人对同一环境刺激的反应模式（倾向性、强度、速度等）受到各自个性和既有价值观的影响而各有差别，而这些各不相同的对环境刺激的反应，也会得到不同的环境反馈。这里最重要的是反馈及行为人对这一反馈的感受。从性质上说，反馈有三种：正反馈、负反馈和无反馈。正反馈对引起反馈的行为起肯定和强化作用，负反馈对该行为起否定和弱化作用，无反馈介于两者之间，对行为几乎不起作用。

六、需要满足-循环上升机制

价值产生的根据是人的健康合理的需要，从业者从事职业活动最基本的需要是谋生，也就是不断提高工资待遇的需要。这一需要的满足与否虽然有着较大的个体差异，但也有着相对客观的标准，即从业者个人及家庭基本物质生活的保障和分配的大体公平，除此之外，还有安全、健康、休息等基本需要的满足及权利的实现。只有这些基本的需要得到基本的满足，即职业基本的保障性价值得以实现，需要和需要满足的价值才有可能上升一个层次。当然，这些基本需要的满足不仅是企事业单位或组织的责任，也是从业者个人的责任，前者的责任在于创造满足基本需要的环境和条件，后者的责任是履行自己的职业职责，完成自己的工作任务。按照马斯洛的需要层次理论，基本需要（生理需要）是基础性的低层次需要，在此之上有安全、归属、自尊和自我实现等层次逐步提高的需要。马克思认为需要是人的本性："他们的需要即他们的本性。"[①]所以每个人都有这些人性所共有的各个层次的需要，现实中的人的需要差别主要不是有没有某个层次需要的差别，而是主导性需要的差别，或者是需要发展水平或层次上的差别。人只有在低层次需要得到基本满足的基础上，才有可能上升到高一层次的需要。按照这一理论，高职生职业价值观中普遍关注薪资福利等完全是正常的、合理的。从这一现象并不能简单地得到物质主义的结论，即便在他们物质待遇不高、生存压力较大的情况下，仍有归属与自尊，甚至自我实现的需要。职业价值观的教育也只有在遵循需要及其需要满足规律的基础上，才可能取得好的成效。

---

① 马克思恩格斯全集:第3卷[M].北京:人民出版社,1960:514.

第四章　高职生职业价值观的状况与特点

本章首先运用调查问卷的形式对高职生职业价值观的状况进行调查分析。其次，进一步分析探讨高职生的个性特点及其对他们职业价值观形成的影响。最后，着重分析与阐释高职生职业价值观特点的具体表现：需要取向维度主要表现为凸显个性追求、高悬岗位期待、秉持自我能动；偏好取向维度主要表现为注重职业声望、关注发展空间、初现双创观念；互动取向维度主要表现为考量组织气质、认同道德规范、缺失团队忠诚。

第一节　高职生职业价值观的状况

本节主要运用笔者编制的《高职生职业价值观调查问卷》（见附录1）和《高职生职业价值观访谈问卷》（见附录2）的调查结果（详见附录5：高职生职业价值观状况调查报告的第一部分），以及相关省市2017年高校毕业生就业状况报告中的调查数据进行分析。

一、高职生职业价值观的总体状况

笔者从以下三个层面，即主体需要、职业偏好和互动感观来考察当今高职生职业价值观的总体状况。

（一）主体需要比较清晰

这里主要考察问卷中主体需要维度中各个具体条目不同选项被选择的

频数和百分比[①]，以进一步揭示高职生职业价值观主体需要取向的基本状况。从整体上看，高职生主体需要比较清晰，下面从生活维护、个性匹配和岗位期待维度进行详细分析。

1. 生活维护状况

职业价值观视域中的生活维护是指人们对于目标工作岗位能够给自己与家人所提供基本生活保障和休闲娱乐的看法和期待。这里主要从生活维护的重要性、工作岗位的安全性、生活与工作的协调性、通勤便利性等方面对694名高职生展开问卷调查，并对调查结果加以分析。

所调查的高职生对于"生活维护重要性"的认识，认为"重要"的占41.8%，认为"不重要"的占30.3%，而认为"无所谓是否重要"的占28.0%，从中可以看出有将近60.0%的高职生并没有认识到"工作对于生活维护的重要性"。生活维护在高职生求职就业环节所要考虑的各种因素中的地位明显下降。生活维护不再是许多高职生就业首要考虑要素，这也与我国当前社会主要矛盾的转变相吻合，我国当前社会的主要矛盾已经由"人民日益增长的物质文化需要同落后的社会生产之间的矛盾"变为"人民日益增长的美好生活需要和不平衡不充分的发展之间的矛盾"。随着人民生活水平的不断提高，当代高职生中的大部分同学或由国家和学校资助，或由家庭和亲戚资助，或由自己打短期临工作为补充，其基本生活都能得到保障，物质生活保障在他们的潜意识里可能已经不是一个重要问题了，这些高职生对于工作岗位的期待也会有所提高，这就与当前高职生群体所反映出的"慢就业""缓就业"的社会现象有所吻合。

（1）具有一定的冒险倾向

对于"工作岗位安全性"的认识，选择"赞同及非常赞同"的占58.2%，选择"反对及非常反对"的占8.5%，选择"无所谓"的占33.3%。"生命乃革命之根本"，当代高职生大部分都具有较强的安全意识。但是我们要看到有超过30%的高职生对此抱有"无所谓"的态度，他们中部分同

① 因本研究依据四舍五入法，对百分比取值仅保留小数点后面1位小数，故某些项内容的百分比总和可能为99.9%或100.1%，下同。

学或默认"工作都是安全的"，或在自身的潜意识之中具有一定的"工作冒险倾向性"。同时，有8.5%的高职生对于"工作岗位安全性"的认知持"反对及非常反对"态度。这一结果有些令人惊讶，可能这些高职生在骨子里面就有"工作的冒险性"取向。如以乐观视角视之，他们或有成为社会产业发展"弄潮儿"的可能性。当然，如以悲观视角视之，他们或许具有先天的"顽劣性"。

（2）对于工作与生活协调性的认识具有分化性倾向

多数高职生已认识到工作与生活往往难以协调，有60.4%的高职生认可工作与生活具有难以协调的特点，其中认可"工作优先"与认可"生活优先"的比例相当，几乎各占一半；而认可"工作与生活具有协调性（必须协调或应该协调）"的高职生占11.9%；对于"生活与工作的协调性"的认识，持有"不确定"观点的高职生占26.8%。因此，对于"生活与工作的协调性"，仅有略大于10.0%的高职生持赞同态度；有略小于30.0%的高职生对此所持态度并不确定；有大于60.0%的高职生对于"工作与生活的协调性"持难以协调的态度，其中对于"工作与生活冲突时"认同"工作优先"与认同"生活优先"的高职生各占高职生总体的30.0%左右。总之，高职生对于工作与生活协调性的认识具有分化性的倾向。

（3）存在交通便利性的需求倾向

对于"工作中交通便利性"的认知，有72.3%的高职生认为要考虑工作中交通便利性问题，有18.9%的高职生对此持"无所谓"的态度，有8.8%的高职生对工作中交通便利性问题持"不考虑"的态度。因此，就高职生群体而言，存在工作中交通便利性的需求倾向。

2. 个性匹配状况

职业价值观视域的个性匹配是指人们对于目标工作岗位能够与自己个性特征相适应、相匹配的认知和期望。这里主要从个性匹配重要性、个性特征倾向、工作主见性、天资禀赋等方面对694名高职生加以调查分析。

所调查的高职生对于"工作与自己个性匹配重要性"的认识，认为"重要"的占74.4%，认为"不重要"的仅占4.6%，而认为"无所谓是否重要"的占20.9%，从中可以看出：尽管高职生总体中有约25.0%的同学对于"工作是否与自己个性匹配"持有不赞同或无所谓的态度，但是更有近四分之三的高职生对此持有积极的赞同态度。因此，有理由推断：当代高职生秉持"具有个性匹配取向"的职业价值观。这是高职生群体中的主流认知倾向。与前辈们更多地倾向于为了生计而求职不同，当代的高职生更多地不再把"谋生"作为求职的重要考虑因素，更倾向于把个人的兴趣、爱好等具有个性特征的要素作为自己求职时的重要考量要素。

（1）个性特征倾向显著

调查表明：高职生群体倾向于选择与自身个性特征相匹配的工作岗位。有超过75.0%的高职生会考虑工作与自身个性特征的匹配程度，有近20.0%的高职生对此持有"无所谓"的态度，仅有不到5.0%的高职生不会考虑工作与自己个性特征的匹配性问题。总的来说，当代的高职生会从自身个性特征的视角考量工作岗位和工作内容的融合性问题。这种具有明显个性特征取向的职业价值观在当代的高职生群体中占有很大的比例，值得人们关注和深思。

（2）具有明显的关于工作主见性的自我意识

调查表明：当代高职生群体具有明显的工作主见性。有77.8%的高职生赞同在工作中坚持自己的想法；有19.6%的高职生对此持有"无所谓"的态度；仅有2.6%的高职生对此持有"否定"的态度，认为在工作中不需要坚持自己的想法。不难看出：高职生群体中有近80.0%的同学对于"在工作中坚持自己的想法"都秉持肯定的态度，只有不到3.0%的高职生对此持有明确的否定态度。

（3）希望在目标工作领域拥有天资禀赋

调查表明：高职生群体中的大多数成员都认可工作与天资禀赋的关联性，并希望拥有适应目标工作领域的天资禀赋。有71.7%的高职生赞同二者的关联性，认可在目标工作领域需要拥有天资禀赋；有24.2%的高职生对此持有"无所谓"的态度；仅有4.0%的高职生对此持有"否定"的态度。根据问卷调查结果可以发现，超过70.0%的高职生对于"天资禀赋"

秉持肯定的态度，当他们面对求职语境时，由于其天资禀赋具有一定的"既定性"和潜在的"不可选择性"，因此他们对于目标工作岗位的"挑剔性"往往表现出一种外在的选择倾向性。

3. 岗位期待状况

岗位期待是指人们从自身需要出发对于目标工作岗位的薪资福利、工作保障、在职培训、加班方式等方面的认知与期望。这里主要从高水平薪资、单位是否提供住宿、能否提供有价值的培训、是否可以自主选择加班时间和次数等方面对694名高职生加以调查分析。

（1）希望单位能提供高水平薪资

调查表明：当代高职生对于目标工作单位所提供的薪资福利存在较高的期望。在我们搜集到的一些省市高校毕业生就业质量报告中，有的给出了薪资与福利期望和实际工资的各自区间。例如，《2017年安徽省普通高校毕业生就业状况报告》指出，高职专科学历毕业生理想工资主要集中在3001—4000元区间，实际工资主要集中在2001—3000元区间。调查结果表明：高职生对于"高于一般水平薪资重要性"的认识，认为"重要"的占76.5%，认为"不重要"的仅占3.6%，而认为"无所谓是否重要"的占19.9%。从中可以看出：当代高职生群体中有超过75.0%的同学把高于一般水平的薪资置于重要地位，这说明在当代高职生群体中大多数同学对于工作岗位薪资水平的高低投入关注较多，这是他们择业的一个重要参考因素。但是他们对于薪资福利的期望往往超过其目标工作单位所能提供的薪资福利水平，在现实社会中二者往往存在较大的差距。

（2）希望单位能提供住宿保障

调查表明：高职生群体中"希望单位能提供住宿保障"是一种主流的岗位期望。有82.3%的高职生认为需要考虑工作单位能否提供住宿保障；有15.1%的高职生对此持有"无所谓"的态度；仅有2.6%的高职生对此持有"否定"的态度，在求职时不会考虑工作单位是否能够提供住宿。不难看出：高职生群体中有超过80.0%的同学对于"希望工作单位能提供住宿保障"都秉持肯定的态度，只有不到3.0%的高职生对此持有明确的否定态度。

（3）希望单位能提供有价值的培训机会

调查表明：高职生群体具有明显希望"单位能提供有价值的培训机会"的倾向。有87.3%的高职生认可"单位能提供有价值的培训机会"的重要性；有10.4%的高职生对此持有"无所谓"的态度；仅有2.4%的高职生对此持有"否定"的态度，认为单位是否能够提供有价值的培训机会并不重要。不难看出：高职生群体中有近90.0%的同学对于"单位能提供有价值的培训机会"都秉持肯定的态度，只有不到3.0%的高职生对此持有明确的否定态度。

（4）希望可以自主选择加班时间和次数

调查表明：高职生群体具有明显的渴望加班自主性的倾向。有81.0%的高职生赞同在工作中能自主选择加班时间和次数；有13.4%的高职生对此持有"无所谓"的态度；仅有5.6%的高职生对此持有"否定"的态度，不会考虑在工作中能否自主选择加班时间和次数。不难看出：高职生群体中有超过80.0%的同学对于"在工作中能自主选择加班时间和次数"都秉持肯定的态度，只有不到6.0%的高职生对此持有明确的否定态度。

4. 自我能动状况

自我能动是指人们从自身需要出发对于目标工作岗位的能动重要性、团队融入、工作氛围改善、自我个性调适等方面的认知观念和意愿期望。这里笔者主要从对自我能动重要性的认知、团队融入、工作氛围的自主改善、工作岗位上的个性自我调适等方面对694名高职生加以调查分析。所调查的高职生对于"工作岗位自我能动重要性"的认识，认为"重要"的占80.0%，认为"不重要"的仅占3.9%，而认为"无所谓是否重要"的占16.1%，从中可以看出：当代高职生群体中有80.0%的同学认可工作岗位自我能动的重要性；有超过10.0%的高职生对此持有"无所谓"的态度；仅有不到4.0%的高职生对工作岗位自我能动的重要性持有"否定"态度。因此，在高职生群体中，大多数同学对于工作岗位自我能动的重要性具有明显的支持倾向，这也是他们择业时的一个重要参考因素。

（1）愿意自我调整，尽快融入团队

调查表明：高职生群体具有明显的愿意"自我调整，尽快融入工作团队"的倾向性。有89.2%的高职生赞同"自我调整，尽快融入工作团队"；有9.5%的高职生对此持有"无所谓"的态度；仅有1.3%的高职生对此持有"否定"的态度，不会考虑在工作中进行自我调整，尽快融入工作团队。不难看出：高职生群体中有近90.0%的同学对于"自我调整，尽快融入工作团队"都秉持肯定的态度，只有不到2.0%的高职生对此持有明确的否定态度。

（2）存在自主改善工作氛围的倾向

调查表明：高职生群体具有明显的工作氛围自主改善的倾向性。有65.1%的高职生赞同"自我意识能够改善工作氛围"；有26.9%的高职生对此持有"不确定"的态度；仅有7.9%的高职生对此持有"否定"的态度，怀疑自我意识能够改变工作氛围。不难看出：高职生群体中有超过60.0%的同学对于"自我意识能够改善工作氛围"都秉持肯定的态度，只有不到8.0%的高职生对此持有明确的否定态度。

（3）存在工作岗位上的个性自我调适倾向性

调查表明：高职生群体具有明显的工作岗位上个性自我调适的倾向性。有79.5%的高职生认同并执行"工作岗位上的个性自我调适"；有16.1%的高职生对此持有"不确定"的态度；仅有4.3%的高职生对此持有"否定"的态度，反对并且不会执行"工作岗位上的个性自我调适"。不难看出：高职生群体中有近80.0%的同学对于"工作岗位上的个性自我调适"都秉持肯定的态度，只有不到5.0%的高职生对此持有明确的否定态度。

（二）职业偏好比较明确

运用调查问卷对694高职生进行职业价值观调查，这里主要分析问卷中"职业偏好"维度中各个具体条目不同选项被选择的频数和百分比，以进一步揭示高职生职业价值观"职业偏好"的基本现状。从整体上看，高职生职业偏好比较明显，下面从职业声望、晋升意识、创新意识和创业观念维度进行详细分析。

1. 职业声望状况

职业价值观视域中的职业声望是指人们从自身职业偏好出发对于目标工作岗位的社会符号感、自我受尊重感、单位规模感和朋辈赞许感等方面的认知观念和意愿期望。这里主要从对自己工作岗位的社会地位认知、关于工作的自我受尊重感情况、目标单位的规模和社会知名度以及周围亲朋对自己工作的期许等方面对694名高职生加以调查分析。

（1）关于工作岗位的社会地位意识比较明显

调查表明：高职生群体具有比较明显的关于工作的社会地位意识。有65.4%的高职生赞同并会考虑"工作岗位的社会地位"；还有26.7%的高职生对此持有"不确定"的态度；仅有8.0%的高职生对此持有"否定"的态度，反对并且不会考虑"工作岗位的社会地位"。不难看出：高职生群体中有近70.0%的同学认为需要考虑工作岗位的社会地位，只有不到10.0%的高职生对此持有明确的否定态度。

（2）关于工作的自我受尊重感较为清晰

调查表明：高职生群体具有比较清晰的关于工作的自我受尊重感的倾向性。有61.8%的高职生认为"工作能使自己受到尊重"重要；还有28.2%的高职生对此持有"不确定"的态度；仅有9.9%的高职生对此持有"否定"的态度，认为"工作能使自己受到尊重"不重要。不难看出：高职生群体中有超过60.0%的同学对于"工作能使自己受到尊重"都秉持肯定的态度，只有不到10.0%的高职生对此持有明确的否定态度。

（3）注重目标单位的规模和社会知名度

调查表明：高职生群体比较注重工作单位的规模和社会知名度。有64.3%的高职生赞同并会考虑工作单位的规模和社会知名度；还有28.1%的高职生对此持有"不确定"的态度；仅有7.6%的高职生对此持有"否定"的态度，反对并且不会考虑工作单位的规模和社会知名度。不难看出：高职生群体中有超过60.0%的同学对于"工作单位规模大、知名度高"都秉持肯定的态度，只有不到10.0%的高职生对此持有明确的否定态度。

（4）渴望亲朋对于自己工作的认同

调查表明：高职生群体中具有渴望亲朋对于自己工作认同的倾向性。有36.0%的高职生认为自己工作被亲朋认同重要；有38.2%的高职生对此持有"不确定"的态度；有25.8%的高职生对此持有"否定"的态度，认为自己的工作被亲朋认同不重要。尽管有超过25.0%的高职生认为自己的工作被亲朋认同并不重要，但依然有36.0%的高职生认为重要。

2. 晋升意识状况

职业价值观视域中的晋升意识是指人们从自身职业偏好出发对于目标工作岗位的晋升空间、晋升制度、晋升条件、晋升方案等方面的认知观念和意愿期望。这里主要从晋升空间评判、晋升制度掌握、晋升条件准备与晋升方案设计等方面对694名高职生加以调查分析。

（1）注重评估目标单位晋升空间

调查表明：高职生群体注重评估目标单位晋升空间。依据搜集到的我国有关省市2017年高校毕业生就业质量报告所提供的数据和我们所做调查获得的有关数据，不难发现高职生对于就业单位所能提供的个人发展空间有着较高期望，在求职择业过程中往往也对目标就业单位所能提供的个人发展空间存有较高希冀，然而一旦入职，当发现当前就业单位很难提供自己所期望的个人发展空间时，许多高职生往往多选择跳槽或离职。例如，江西省2017年高校毕业生就业质量报告就指出，在江西省高校毕业生中，更换工作单位的原因排在首位的是认为"发展空间不大"，其中高职生对应的比例为32.13%。这一现象在我们的调查中也有一定程度的反映。例如，有74.7%的高职生认为"在目标单位有晋升空间"重要；还有20.6%的高职生对此持有"不确定"的态度；仅有4.6%的高职生对此持有"否定"的态度，认为"在目标单位有晋升空间"并不重要。不难看出：高职生群体中有近75.0%的同学对于"入职前初步评估自己在目标单位晋升空间"都秉持肯定的态度，只有不到5.0%的高职生对此持有明确的否定态度。在职场中考虑个体的发展空间，是当代高职生一种崭新的意识觉醒，具有较大的积极意义，但同时需要指出，高职生还需要把自身对于个人发展空间的希冀与当下社会所能提供的职业系统的现实社会属性充分对接，否则过度放大自己对于职业岗位个人发展空间的希冀，不利于高职生终身的职业发展。

（2）存在明确的熟悉单位晋升制度的倾向性

调查表明：高职生群体具有比较明确的熟悉单位晋升制度的倾向性。有80.1%的高职生赞同并认为要考虑"熟悉单位晋升制度"；有16.9%的高职生对此持有"不确定"的态度；仅有3.0%的高职生对此持有"否定"的态度，反对并且不会考虑"熟悉单位晋升制度"。不难看出：高职生群体中有超过80.0%的同学对于"熟悉单位晋升制度"都秉持肯定的态度，仅有3.0%的高职生对此持有明确的否定态度。

（3）具有尽快准备晋升必备条件的意识

调查表明：高职生群体具有尽快准备晋升必备条件意识的倾向性。有74.6%的高职生认同并执行"尽快准备晋升必备条件"；有21.2%的高职生对此持有"不确定"的态度；仅有4.2%的高职生对此持有"否定"的态度，反对并且不会执行"准备晋升必备条件"。不难看出：高职生群体中有近75.0%的同学对于"尽快准备晋升必备条件"秉持肯定的态度，只有不到5.0%的高职生对此持有明确的否定态度。

（4）存在清晰的关于设计自己晋升方案的态度

调查表明：高职生群体中具有清晰的关于设计自己晋升方案的意识倾向性。有65.0%的高职生认同并执行"设计自己晋升方案"；有29.1%的高职生对此持有"不确定"的态度；仅有5.9%的高职生对此持有"否定"的态度，反对并且不会执行"设计自己晋升方案"。不难看出：高职生群体中有近70.0%的同学对于"设计自己晋升方案"都秉持肯定的态度，只有不到6.0%的高职生对此持有明确的否定态度。

3. 创新意识状况

职业价值观视域中的创新意识是指人们从自身职业偏好出发对于目标工作岗位的工作创造性的需要，围绕工作主题的创新想象，基于工作主题的产品、服务、技术创新等方面的认知观念和意愿期望。这里主要从工作创造性的需要、围绕工作主题的创新想象、基于工作主题的服务创新等方面对694名高职生加以调查分析。

（1）对于工作创造性的需要倾向明显

调查表明：高职生群体普遍认为工作要能充分发挥自己创造性。有71.8%的高职生认为"工作能充分发挥自己创造性"重要；还有21.9%的高职生对此持有"不确定"的态度；仅有6.3%的高职生对此持有"否定"的态度，认为"工作能充分发挥自己创造性"不重要。不难看出：高职生群体中有超过70.0%的同学对于"工作能充分发挥自己创造性"都秉持肯定的态度，只有不到7.0%的高职生对此持有明确的否定态度。

（2）具有清晰的围绕工作主题进行创新想象的态度

调查表明：高职生群体中具有清晰的围绕工作主题进行创新想象的意识倾向性。有72.5%的高职生认同并会考虑"围绕工作主题进行创新想象"；有21.6%的高职生对此持有"不确定"的态度；仅有5.9%的高职生对此持有"否定"的态度，反对并且不会考虑"围绕工作主题进行创新想象"。不难看出：高职生群体中有超过70.0%的同学对于"围绕工作主题进行创新想象"都秉持肯定的态度，只有不到6.0%的高职生对此持有明确的否定态度。

（3）存在清晰的基于工作主题进行服务创新的认识与行为倾向

调查表明：高职生群体中具有清晰的基于工作主题进行服务创新的意识和行为倾向性。有71.0%的高职生认同并执行"基于工作主题进行服务创新"；有21.8%的高职生对此持有"不确定"的态度；仅有7.2%的高职生对此持有"否定"的态度，反对并且不会执行"基于工作主题进行服务创新"。不难看出：高职生群体中有超过70.0%的同学对于"基于工作主题进行服务创新"都秉持肯定的态度，只有不到8.0%的高职生对此持有明确的否定态度。

4. 创业观念状况

职业价值观视域中的创业观念是指人们从自身职业偏好出发对于创业目的、创业准备、目标创业领域的职场操守、创业的创新性动机等方面的认知观念和意愿期望。这里主要从创业是要让自己成为职场风云人物、创业的守法性需求、创业的创新性动机等方面对694名高职生加以调查分析。

（1）存在较为明显的通过创业成为职场风云人物的认知冲动

调查表明：高职生群体具有比较明显的成为职场风云人物的认知冲动。有46.4%的高职生认为"创业是要让自己成为职场风云人物"重要；有30.8%的高职生对此持有"不确定"的态度；还有22.8%的高职生对此持有"否定"的态度，认为"创业是要让自己成为职场风云人物"不重要。不难看出：高职生群体中有近50.0%的同学对于"创业是要让自己成为职场风云人物"都秉持肯定的态度，也有约20.0%的高职生对此持有明确的否定态度。

（2）存在清晰的关于创业守法性需求的认识与行为倾向

调查表明：高职生群体具有清晰的关于创业守法性需求的意识和行为倾向性。有83.9%的高职生认同并执行"要创业就必须选择法律明确规定可以从事的商业领域"；有13.0%的高职生对此持有"不确定"的态度；仅有3.2%的高职生对此持有"否定"的态度，反对并且不会认同"要创业就必须选择法律明确规定可以从事的商业领域"。不难看出：高职生群体中有超过80.0%的同学对于"要创业就必须选择法律明确规定可以从事的商业领域"都秉持肯定的态度，只有不到4.0%的高职生对此持有明确的否定态度。

（3）存在清晰的基于创新取向的创业认知倾向

调查表明：高职生群体具有清晰的基于创新取向的创业认知倾向性。有72.0%的高职生认同并会考虑"基于创新取向的创业认知"；有17.7%的高职生对此持有"不确定"的态度；仅有10.2%的高职生对此持有"否定"的态度，反对并且不会考虑"基于创新取向的创业认知"。不难看出：高职生群体中有超过70.0%的同学对于"基于创新取向的创业认知"都秉持肯定的态度，只有约10.0%的高职生对此持有明确的否定态度。

(三) 互动意识比较明显

运用调查问卷对694生高职生进行职业价值观调查，这里主要考察问卷中"互动感观"维度中各个具体条目不同选项被选择的频数和百分比，以进一步揭示高职生职业价值观"互动感观"取向的基本状况。从整体上看，高职生互动意识较强，下面从组织气质、道德规范和团队维护维度进行详细分析。

1. 组织气质状况

职业价值观视域中的组织气质是指人们把自身主体需要和职业偏好初步结合，从人际互动的组织保障视角，对于目标工作岗位的领导、同事、团队凝聚力以及其他的组织内在文化等方面的认知观念和意愿期望。这里主要从领导公正、同事合作、公平竞争等方面对694名高职生加以调查分析。

（1）存在较为明显的对于领导公正性的认知期待

调查表明：高职生群体具有比较明显的对于领导公正性的认知期待。有88.4%的高职生认为"有一个公正的领导比其他什么条件都要好"重要；还有9.7%的高职生对此持有"不确定"的态度；仅有1.9%的高职生对此持有"否定"的态度，认为"有一个公正的领导比其他什么条件都要好"并不重要。不难看出：高职生群体中有近90.0%的同学对于"有一个公正的领导比其他什么条件都要好"秉持肯定的态度，仅有不到2.0%的高职生对此持有明确的否定态度。

（2）存在清晰的期望同事具有团队协作意识的认知倾向

调查表明：高职生群体具有清晰的期望同事具有团队协作意识的认知倾向。有94.3%的高职生认同并会考虑同事团队协作；有4.8%的高职生对此持有"不确定"的态度；仅有0.8%的高职生对此持有"否定"的态度，反对并且不会考虑同事团队协作。不难看出：高职生群体中有超过90.0%的同学对于"期望同事具有团队协作意识"都秉持肯定的态度，只有不到1.0%的高职生对此持有明确的否定态度。

（3）存在清晰的期望单位内部有公平竞争机制和氛围的认知倾向

调查表明：高职生群体具有清晰的期望单位内部有公平竞争机制和氛围的认知倾向。有89.8%的高职生认为"单位内部有公平竞争机制和氛围"重要；有8.2%的高职生对此持有"不确定"的态度；仅有2.1%的高职生对此持有"否定"的态度，认为"单位内部有公平竞争机制和氛围"并不重要。不难看出：高职生群体中有近90.0%的同学对于"单位内部有公平竞争机制和氛围"都秉持肯定的态度，只有约2.0%的高职生对此持有明确的否定态度。

2. 道德规范状况

职业价值观视域中的道德规范是指人们把自身主体需要和职业偏好初步结合，从人际互动的道德要求视角，对于目标工作岗位的领导和团队的道德水平以及工作环境的道德考量等方面的认知观念和意愿期望。这里主要从工作环境、岗位领导和团队的道德水平等方面对694名高职生加以调查分析。

（1）存在较为明显的对于工作环境纯洁的认知期待

调查表明：高职生群体具有比较明显的对于工作环境纯洁的认知期待。有74.8%的高职生认为"工作环境不容易使人腐败或虚伪"重要；还有18.3%的高职生对此持有"不确定"的态度；仅有6.9%的高职生对此持有"否定"的态度，认为"工作环境不容易使人腐败或虚伪"并不重要。不难看出：高职生群体中有近75.0%的同学对于"工作环境不容易使人腐败或虚伪"秉持肯定的态度，仅有不到7.0%的高职生对此持有明确的否定态度。

（2）存在清晰的期望单位领导具有良好人格品德的认知倾向

调查表明：高职生群体具有清晰的期望单位领导具有良好人格品德的认知倾向。有83.8%的高职生认同并会考虑单位领导的人格品德；有14.4%的高职生对此持有"不确定"的态度；仅有1.8%的高职生对此持有"否定"的态度，反对并且不会考虑单位领导的人格品德。不难看出：高职生群体中有超过80.0%的同学对于"期望单位领导具有良好人格品德"

秉持肯定的态度，只有不到2.0%的高职生对此持有明确的否定态度。

（3）存在清晰的愿意揭发所在团队不当得利行为的认知和行为倾向

调查表明：高职生群体具有清晰的愿意揭发所在团队不当得利行为的认知和行为倾向。有61.4%的高职生认同并执行"揭发所在团队不当得利的行为"；有27.5%的高职生对此持有"不确定"的态度；仅有11.1%的高职生对此持有"否定"的态度，反对并且不会执行"揭发所在团队不当得利的行为"。不难看出：高职生群体中有超过60.0%的同学对于"揭发所在团队不当得利的行为"都秉持肯定的态度，只有约11.0%的高职生对此持有明确的否定态度。

3. 团队维护状况

职业价值观视域中的团队维护是指人们把自身需要和职业偏好初步结合，从人际互动的团队协作视角，对于目标工作岗位的团队权益维护、团队成员人际感观、团队发展和团队文化建设等方面的认知观念和意愿期望。这里主要从团队权益维护、团队成员人际感观、团队发展等方面对694名高职生加以调查分析。

（1）存在较为明显的对于团队正当权益维护的认知取向

调查表明：高职生群体具有比较明显的对于团队正当权益维护的认知取向。有92.5%的高职生认为"作为成员坚决维护团队正当权益"重要；还有6.1%的高职生对此持有"不确定"的态度；仅有1.5%的高职生对此持有"否定"的态度，认为"作为成员坚决维护团队正当权益"并不重要。不难看出：高职生群体中有超过90.0%的同学对于"作为成员坚决维护团队正当权益"都秉持肯定的态度，仅有不到2.0%的高职生对此持有明确的否定态度。

（2）存在清晰的关于自身言谈举止应考虑团队成员接纳度的认知倾向

调查表明：高职生群体具有清晰的关于自身言谈举止应考虑团队成员接纳度的认知倾向。有92.9%的高职生认同并会考虑"团队其他成员的感受，注意自己的言谈举止"；有5.6%的高职生对此持有"不确定"的态度；仅有1.4%的高职生对此持有"否定"的态度，反对并且不会考虑"团队其他成员的感受，注意自己的言谈举止"。不难看出：高职生群体中有超过90%的同学对于考虑"团队其他成员的感受，注意自己的言谈举止"秉持肯定的态度，只有不到2%的高职生对此持有明确的否定态度。

（3）存在清晰的主动为团队发展出谋划策的认知和行为倾向

调查表明：高职生群体具有清晰的主动为团队发展出谋划策的认知和行为倾向。有84.7%的高职生认同并执行"主动为团队发展出谋划策"；有13.1%的高职生对此持有"不确定"的态度；仅有2.2%的高职生对此持有"否定"的态度，反对并且不会执行"主动为团队发展出谋划策"。不难看出：高职生群体中有近85.0%的同学对于"主动为团队发展出谋划策"秉持肯定的态度，只有约2.0%的高职生对此持有明确的否定态度。

总之，当代高职生职业价值观在主体需要方面强调个性匹配、岗位期待较高、关注工作岗位自我能动；在职业偏好方面强调工作岗位的社会声望、注重个人在工作单位的晋升空间、关注工作的创新性、具有初步创业观念；在互动感观方面注重组织气质的考量、强调工作环境的道德氛围、具有初步的团队维护认知。

二、高职生职业价值观存在的主要偏差

综合分析相关省市2017年高校毕业生就业质量报告中的调查数据以及笔者调查所得的数据，发现当代高职生职业价值观主要存在以下偏差：

（一）职业忠诚意识较弱

调查表明，我国当代高职毕业生职业忠诚意识相对较弱。高职生对于"有更好的福利待遇，自己就会跳槽"选择认可的占45.1%，而选择反对的仅占16.9%，对此持有不确定态度的占38.0%。同时，高职生对于"感觉自己晋升无望，就会主动找机会跳槽"选择认可的占49.1%，而选择反对的仅占17.7%，对此持有不确定态度的占33.1%。

高职生弃岗离职率较高的现象，在当前社会发展阶段可能还将长期存在。无论是对个人还是企业而言，弃岗离职在无形中都增加了双方的岗位

成本，甚至在一定程度上也耗费了社会资源。无论是对社会、企业还是对个人来说，较高的弃岗离职率都会增加他们的信用成本，特别是对于多次弃岗离职的高职毕业生来说，他们再次就业时将会面对更高的无形的就业信用成本。因此，当前弃岗离职率较高这一社会现象值得高校教育工作者、企业人力资源管理部门和政府相关职能部门关注。

（二）创新创业意识不强

创业不仅需要创意、资金、团队等因素支撑，而且需要十足的勇气。中国特色社会主义道路的开创，给青年创业学子以深刻的人生启示。邓小平说："没有一点闯的精神，没有一点'冒'的精神，没有一股气呀、劲呀，就走不出一条好路，走不出一条新路，就干不出新的事业。"[①]但相关调查结果表明，当前我国高职毕业生依然较为缺乏创业意识和勇气，与党中央和国务院提出的"大众创业、万众创新"的要求还有距离。这从一些省市高校毕业生就业质量报告中可以体现出来。例如，安徽省2017年高校毕业生就业质量报告指出，当年安徽省高校毕业生中自主创业人数为1108人，其中高职专科生仅占0.22%。北京市2017年高校毕业生就业质量报告也指出，92所普通高校毕业生中选择自主创业的毕业生共计1425人，其中专科毕业生134人，仅占创业总数的9.40%；报告没有直接给出专科毕业生创业人数占专科毕业生总数的百分比，但是查阅该报告的"毕业生学历分布"部分可知，2017年北京市高职专科毕业生总数为34055人，故可以得到2017年北京市高职毕业生创业人数占高职毕业生总数的0.39%。浙江省2017年高校毕业生就业质量报告指出，当年浙江省高校毕业生中自主创业总人数为2883人，其中本科以上学生创业人数（1995人）远远多于专科生创业人数（928人）。广东省2017年高校毕业生就业质量报告指出，专科毕业生自主创业人数为680人，仅占专科毕业生总数的0.26%。从中不难发现，高职毕业生群体自主创业的比例均较低。

---

① 邓小平文选：第3卷[M].北京：人民出版社，1993：372.

（三）吃苦耐压能力不足

依据搜集到的我国有关省市2017年高校毕业生就业质量报告所提供的数据和笔者所做调查获得的有关数据，不难发现当代高职生在就业岗位的吃苦耐压能力不足。例如，浙江省2017年高校毕业生就业质量报告对本科院校和高职院校毕业生的离职因素进行了比较，从中可以看出本科毕业生对个人发展空间的要求更高，而高职毕业生对工作压力的承受力较低。这一现象在笔者的调查中也有一定程度的反映。例如，高职生对于"工作强度或压力不大"选择认可的占65.0%，而选择反对的仅占9.9%，对此持有不确定态度的占25.1%。因此，在一定程度上，我们可以说当代高职生的工作耐压能力亟待提高。

第二节　高职生的发展及其影响

本节主要探讨高职生的发展及其对高职生职业价值观的影响。

一、高职生的发展

进入高职院校以后，新的学习环境对于高职生来说是一个很好的改变自我意识和评价的契机。高职院校的培养目标是"技能型人才"，因此评价标准更倾向于学生的实践能力。只要我们的教育引导及时恰当，实现这一转变或改变完全是可能的。笔者通过调查和访谈等多种途径，发现少数高职生可能存在以下情况：就记忆特点而言，动作记忆强于符号记忆，情感记忆强于理性记忆，故事记忆强于概念记忆；就思维特点而言，感性或形象思维强于理性或抽象思维，现实思维强于理想思维，局部思维强于整体思维，碎片思维强于系统思维；就心理特点而言，情绪大于情感，情感大于理性。我们要以赏识的眼光和豁达的心胸去与高职生进行"朋辈式的交往"，发现他们的优点，与他们做知心朋友，以开启职业价值观教育的有益之窗。实践能力是高职生职业生涯发展的安身立命之根本，它是高职生职业价值观教育的一个有效的"战略支点"，有利于开拓高职生职业价值观教育的新天地。高职院校的教育工作者要充分挖掘高职生的亮点、闪光点，以"实践能力"为引绳，"以小带大"，"由近及远"，帮助高职生提升自信心，让他们重新认识自己，悦纳自己，树立远大的职业理想，以开拓高职生职业生涯发展的宏伟图景。

二、高职生的发展对职业价值观的影响

记忆、思维、心理等方面的发展对高职生的职业价值观的形成和发展有一定的影响。具体来说，自信心理、自律能力、学习品质、实践能力等方面对高职生的职业价值观产生了一定的影响。下面就这些方面作进一步的分析，探讨其对高职生职业价值观"主体需要""职业偏好"和"互动感观"三个维度的具体影响。

（一）自信心理对高职生职业价值观的影响

从总体上来说，自信心理对高职生职业价值观的形成和发展有一定的影响。具体来说，有自信心的高职生可以对自己的"主体需要"进行合理定位。马克思的需要理论告诉我们，"人的需要"既具有"个体属性"，又具有"社会属性"。有自信心的高职生可以从自身"个体属性"和"社会属性"的视角预设自己的"主体需要"，从而在现实的社会环境中得以实现。有自信心的高职生可以对自己的"职业偏好"进行有效矫正。人们的"职业偏好"并不是个人对于某种或某类职业喜好、极具个性的心理偏爱。相反，个人的"职业偏好"也是个体对于自身所具有的若干职业偏爱进行"社会化"的选择结果。有自信心的高职生可以对自己的"职业偏好"进行"社会化"加工，因此他们的"职业偏好"容易得到社会的认可。同时，有自信心的高职生可以形成自己的"互动感观"，往往不会封闭自我，愿意主动同他人进行交往，而职业的选择和持守，既是社会关系建构与维系的过程，也是人们通过社会交往，实现自身价值的过程。有自信心的高职生社会交往能力会不断增强，这有利于他们职业价值观的形成和发展。

总之，自信心理对"主体需要""职业偏好"和"互动感观"三个维度都产生正面效应，从而从总体上对高职生职业价值观的形成和发展产生积极影响。

（二）自律能力对高职生职业价值观的影响

从总体上来说，自律能力对高职生职业价值观的形成和发展有一定的影响。具体来说，自律能力较强的高职生对自己的"主体需要"可以进行合理节制。依据马克思的需要理论，"人的需要"既受自身主观条件的制约，又受外部客观条件的制约，特别是受外在个体的"社会条件"制约。因此，虽然从总体上来说，"人的需要"呈现上升趋势，但就个人而言，他的"需要"还需要根据具体的环境和条件而适时适度地作出合理调整。这样，自律能力较强的高职生可以根据主客观条件的变化，对自身不合理的"主体需要"进行调整，从而促进"主体需要"的最终构建与实现。自律能力较强的高职生对于自己的"职业偏好"可以进行合理聚焦。"职业偏好"是主体在观念层面把自身的"职业需要"投射到社会职业系统，并进行对比、遴选和决策，这需要相对较强的意志力作为保障，只有这样才可能保证基于自身"职业偏好"所进行的对比、遴选和决策的连续性和价值追求的一致性。自律能力较强的高职生，可以对自身"职业偏好"的聚焦过程进行较为持续性和一致性的关注，从而对他们"职业偏好"合理聚焦过程产生正面效应。同时，自律能力较强的高职生的"互动感观"可以有效生成。"互动感观"是价值主体以自身目标职业岗位为载体，以目标职业岗位的实践体验为基础，对职业目标领域内的社会人际互动现象和问题产生的观念意识和认知理解。心理学研究认为，人的自律性水平影响他们的社会交往效应。因此，自律能力较强的高职生，对于由职业活动所派生的"社会交往"往往可以产生较好的效应，进而对他们职业价值观"互动感观"的有效生成产生促进作用。总之，自律能力较强对"主体需要""职业偏好"和"互动感观"三个维度都产生正面效应，从而从总体上对高职生职业价值观的形成和发展产生积极的影响。

（三）学习品质对高职生职业价值观的影响

从总体上来说，学习品质对高职生职业价值观的形成和发展有一定的影响。具体来说，学习品质较好的高职生可以有效建构自己的"主体需要"。马克思的需要理论认为，"人的需要"既是"历史的"也是"现实的"，是"历史"与"现实"的统一，且"人的需要"在总体上呈现上升趋势。学习品质较好的高职生在自身"主体需要"建构的过程中不仅考虑了"人的需要"的"历史性"，而且兼顾了"人的需要"的"社会现实性"。对于学习品质较好的高职生而言，在他们自身"主体需要"的建构过程中，无论是纵向的"历史性"联系，还是横向的"社会现实性"联系，都会对高职生职业价值观"主体需要"的有效建构产生一定的积极作用。学习品质较好的高职生可以有效聚焦自己的"职业偏好"。人们初始的"职业偏好"往往是偶发的、零散的、非聚合的，随着学习、生活、工作经验的不断积累，人们的"职业偏好"最终将呈现"聚合性"特征，聚焦于少数几种或少数几类职业岗位。在这一聚焦的过程中，人们的学习动力、学习能力和学习习惯等因素都参与其中发挥效能，这些因素都会对他们"职业偏好"的聚合过程产生积极效应。同时，学习品质较好的高职生可以有效建构自己的"互动感观"。学习品质较好的高职生的社会交往互动能力通常较强，他们往往具备人际关系的沟通意识和沟通技巧，可以形成和谐的人际交往图景，这不仅使得团队凝聚力增强，甚至可以有效建设工作团队。这些都表明，较好的学习品质对高职生职业价值观的"互动感观"维度的建设有促进作用。总之，学习品质较好对"主体需要""职业偏好"和"互动感观"三个维度会产生正面效应，从而从总体上对高职生职业价值观的形成和发展产生积极的影响。

（四）实践能力对高职生职业价值观的影响

从总体上来说，实践能力对高职生职业价值观的形成和发展有一定的影响。具体来说，较好的实践能力有利于高职生对于自己"主体需要"的有效激活。就实践能力而言，高职生群体有相当大的优势，这是高职生职业价值观教育值得充分利用的有效"支点"，需要我们充分发挥它的教育效用。依据马克思的需要理论，"人的需要"是丰富多彩的、多层次的、相互联系的。这需要我们从高职生实践能力入手进行职业价值观教育，从高职生最为值得骄傲的"实践能力"的自我认知入手，逐步增强他们的自信心，逐步激活和释放高职生内在的"主体需要"，以促进高职生职业价值观"主体需要"维度的日益丰满。较好的实践能力有利于高职生对自己"职业偏好"的合理聚焦。人们的"职业偏好"取向既取决于外在主体的社会职业系统的形状，也取决于主体内生的"主体需要"的激活唤醒。我们可以以高职生实践能力为"支点"，在重塑高职生自信心的同时，唤醒他们内心深处的多维度、多层次的潜在的"主体需要"，以便充分对接社会职业系统，在实践中进行"职业偏好"的对比、遴选、决策，从而促进高职生"职业偏好"的合理聚焦。同时，较好的实践能力有利于高职生职业价值观"互动感观"维度的有效生成。通过实践能力的有效展示，可以重塑高职生的职业自信心，唤醒他们重新认识和评估自我，逐步实现由"自我否定"向"自我肯定"的转变；唤醒他们积极参与职业交往活动的意识，逐步提升高职生职业交往的能力。总之，较好的实践能力对"主体需要""职业偏好"和"互动感观"三个维度有一定的积极效应，从而从总体上对高职生职业价值观的形成和发展产生促进作用。

综上所述，我们可以针对高职生的不同特点，采取相应的教育措施，以形成系统化的职业价值观的"教育合力"，促进高职生职业价值观的有效生成和良性发展。

第三节　高职生职业价值观的主要特点

本节主要是在统计分析《高职生职业价值观正式量表》（附录4）所采集的有效数据的基础上，探讨当代高职生职业价值观"主体需要""职业偏好"和"互动感观"三个维度的主要特点。

一、需要取向

运用笔者所编制的正式量表对部分高职生进行职业价值观测量，这里主要考察量表中"主体需要"维度中各个具体条目不同选项被选择的频数和所占百分比，以进一步诠释高职生职业价值观"主体需要"取向的基本特征。

（一）凸显个性追求

如表4-1所示，参与调研的980名高职生中，认为"希望工作符合自己兴趣、爱好"的（包括"符合"和"非常符合"，下同）有687人，占总体的70.1%；选择"不符合"（包括"不符合"和"极不符合"，下同）的仅有68人，占总体的6.9%；此外，选择"不确定"的有225人，占总体的约23.0%。相应地，对于"希望工作能发挥自己特长"的选择中，前述数据依次为：选择"符合"的有715人，占73.0%；选择"不符合"的仅有45人，占4.6%；选择"不确定"的有220人，占22.4%。对于"希望自己在就业岗位的工作领域有天分"的选择中，前述数据依次为：选择"符合"的有567人，占57.8%；选择"不符合"的仅有42人，占4.3%；选择"不确定"的有371人，占37.9%。对于"能够围绕工作主题进行丰富的想象"的选择中，前述数据依次为：选择"符合"的有708人，占72.2%；选择"不符合"的仅有40人，占4.1%；选择"不确定"的有232人，占23.7%。从中可以发现：高职生对于工作价值的认知凸显主体的个性化追求，往往更看重"期望中的工作"与自己的兴趣爱好、天赋、特长等个性品质的匹配程度。主要原因：从主观上讲，当代高职生的主体意识觉醒，他们更渴望在工作中实现自我；从客观上讲，随着生活水平的提高，高职生不存在温饱问题，在满足基本生存需要的基础上开始有了更高层次的需要，这也与马克思的需要理论相吻合。这就需要我们尊重高职生的选择，给他们更多施展自我的空间。

表4-1 "个性追求"条目作答的基本结果

条目	希望工作符合自己兴趣、爱好		希望工作能发挥自己特长		希望自己在就业岗位的工作领域有天分		能够围绕工作主题进行丰富的想象	
	频数	百分比	频数	百分比	频数	百分比	频数	百分比
极不符合	19	1.9%	13	1.3%	6	0.6%	11	1.1%
不符合	49	5.0%	32	3.3%	36	3.7%	29	3.0%
不确定	225	23.0%	220	22.4%	371	37.9%	232	23.7%
符合	419	42.8%	429	43.8%	355	36.2%	444	45.3%
非常符合	268	27.3%	286	29.2%	212	21.6%	264	26.9%

（二）高悬岗位期待

如表4-2所示，参与调研的980名高职生对于"希望工作强度或压力不大"的选择中，选择"符合"（包括"符合"和"非常符合"，下同）的有611人，占总体的62.4%；选择"不符合"（包括"极不符合"和"不符合"，下同）的仅有111人，占总体的11.4%；此外，选择"不确定"的有258人，占总体的26.3%。相应地，对于"希望在单位能享受到法定节假日放假、每周双休"的选择中，前述数据依次为：选择"符合"的有768人，占78.3%；选择"不符合"的仅有66人，占6.8%；选择"不确定"的有146人，占14.9%。对于"希望工作符合家长和社会的期望"的选择中，前述数据依次为：选择"符合"的有696人，占71.0%；选择"不符合"的仅有54人，占5.5%；选择"不确定"的有230人，占23.5%。对于"希望工作可以发展出对日后有帮助的人际关系"的选择中，前述数据依次为：选择"符合"的有816人，占83.3%；选择"不符合"的仅有27人，占2.7%；"不确定"的有137人，占14.0%。从中可以发现：高职生不仅非常关注工作岗位的社会认可度——"希望工作符合家长和社会的期望"，而且关注工作岗位对于自身发展的"人际关系"的建立——"希望工作可以发展出对日后有帮助的人际关系"。

表4-2　"岗位期待"条目作答的基本结果

条目	希望工作强度或压力不大		希望在单位能享受到法定节假日放假、每周双休		希望工作符合家长和社会的期望		希望工作可以发展出对日后有帮助的人际关系	
	频数	百分比	频数	百分比	频数	百分比	频数	百分比
极不符合	29	3.0%	33	3.4%	10	1.0%	7	0.7%
不符合	82	8.4%	33	3.4%	44	4.5%	20	2.0%
不确定	258	26.3%	146	14.9%	230	23.5%	137	14.0%
符合	390	39.8%	306	31.2%	432	44.1%	435	44.4%
非常符合	221	22.6%	462	47.1%	264	26.9%	381	38.9%

（三）秉持自我能动

如表4-3所示，参与调研的980名高职生对于"如果工作与自己个性不相符，愿意调整自我"的选择中，选择"符合"（包括"比较符合"和"非常符合"，下同）的有753人，占总体的76.8%；选择"不符合"（包括"极不符合"和"不符合"，下同）的仅有39人，占总体的4.0%；此外，选择"不确定"的有188人，占总体的19.2%。相应地，对于"相信自我意识能改变工作氛围"的选择中，前述数据依次为：选择"符合"的有654人，占66.7%；选择"不符合"的仅有71人，占7.2%；选择"不确定"的有255人，占26.0%。对于"相信工作氛围能改变自我意识"的选择中，前述数据依次为：选择"符合"的有793人，占80.9%；选择"不符合"的仅有34人，占3.5%；选择"不确定"的有153人，占15.6%。从中可以发现：高职生对于岗位自我能动性的认知评估处于较高水平，既相信"自我意识能改变工作氛围"，也认可"工作氛围能改变自我意识"，这在一定程度上反映了高职生对于"自我意识"与"工作氛围"互为能动要素所持的正向认可态度。同时，"如果工作与自己个性不相符，愿意调整自我"的调查数据表明，虽然高职生对于职业或工作岗位的期待，注重基于个人爱好、兴趣、特长等的个性化追求，但同时对此也保持一定的灵活性，秉持一定程度上的开放态度。

表4-3 "自我能动"条目作答的基本结果

条目	如果工作与自己个性不相符，愿意调整自我		相信自我意识能改变工作氛围		相信工作氛围能改变自我意识	
	频数	百分比	频数	百分比	频数	百分比
极不符合	7	0.7%	18	1.8%	9	0.9%
不符合	32	3.3%	53	5.4%	25	2.6%
不确定	188	19.2%	255	26.0%	153	15.6%
符合	508	51.8%	388	39.6%	490	50.0%
非常符合	245	25.0%	266	27.1%	303	30.9%

二、偏好取向

运用所编制的正式量表对980名被试高职生进行职业价值观测量，这里主要考察量表中"职业偏好"维度中各个具体条目的不同选项被选择的频数和所占百分比，以进一步诠释高职生职业价值观"职业偏好"取向的基本特征。

（一）注重职业声望

如表4-4所示，参与调研的980名高职生对于"希望工作能提高自己的社会地位"的选择中，选择"符合"（包括"符合"和"非常符合"，下同）的有651人，占总体的66.4%；选择"不符合"（包括"极不符合"和"不符合"，下同）的仅有69人，占总体的7.0%；此外，选择"不确定"的有260人，占总体的26.5%。相应地，对于"希望工作单位规模大、知名度高"的选择中，前述数据依次为：选择"符合"的有568人，占58.0%；选择"不符合"的仅有85人，占8.6%；选择"不确定"的有327人，占33.4%。对于"希望工作能使自己享受充足的个人空间（如独立办公室等）"的选择中，前述数据依次为：选择"符合"的有571人，占58.2%；选择"不符合"的仅有123人，占12.6%；选择"不确定"的有286人，占29.2%。对于"希望工作能使自己受到重视"的选择中，前述数据依次为："符合"的有645人，占65.8%；"不符合"的仅有72人，占

7.3%；"不确定"的有263人，占26.8%。从中可以发现：高职生对于职业声望的考量既注重岗位外在的社会符号价值——较高的社会地位和单位规模大、知名度高等，也注重岗位内在的个人符号价值——享受充足的个人空间以及工作能使他们受到重视。事实上，无论是岗位外在的社会符号价值还是岗位内在的个人符号价值，高职生对于自身目标职业的期望既包含合理性的成分，也具有不合理的因子。就高职生所期望的岗位外在社会符号价值来说，在"劳动光荣、技能宝贵、创造伟大"的时代风尚下，技术、技能型劳动者的社会地位正逐步得到社会各界的普遍认同，高职生只要能潜心钻研，掌握一项或几项专业技术、技能，终会获得社会的尊重和认可，此为高职生期望合理性的一面；而不合理的因子就在于其期望目标单位的"规模大、知名度高"，对于面临求职的高职生来说，这是有一定困难的。就高职生所期望的岗位内在个人符号价值来说，高职生只要能掌握一项或几项专业技术、技能，其在工作单位内必将"受到重视"，这是其期望合理性的一面；而不合理的因子就在于其期望"工作能使自己享受充足的个人空间（如独立办公室等）"，对于面临求职的高职生来说，它可以作为一种动力支撑，却不宜作为求职的一个先决条件。

表4-4 "职业声望"条目作答的基本结果

条目	希望工作能提高自己的社会地位		希望工作单位规模大、知名度高		希望工作能使自己享受充足的个人空间（如独立办公室等）		希望工作能使自己受到重视	
	频数	百分比	频数	百分比	频数	百分比	频数	百分比
极不符合	17	1.7%	18	1.8%	49	5.0%	17	1.7%
不符合	52	5.3%	67	6.8%	74	7.6%	55	5.6%
不确定	260	26.5%	327	33.4%	286	29.2%	263	26.8%
符合	434	44.3%	391	39.9%	404	41.2%	435	44.4%
非常符合	217	22.1%	177	18.1%	167	17.0%	210	21.4%

（二）关注发展空间

如表4-5所示，参与调研的980名高职生对于"入职前会初步评估自己在该单位的晋升空间"的选择中，选择"符合"（包括"符合"和"非常符合"，下同）的有721人，占总体的73.6%；选择"不符合"（包括"极不符合"和"不符合"，下同）的仅有48人，占总体的4.9%；此外，选择"不确定"的有211人，占总体的21.5%。相应地，对于"入职前有设计自己晋升方案的意识"的选择中，选择"符合"的有626人，占63.9%；选择"不符合"的仅有59人，占6.0%；选择"不确定"的有295人，占30.1%。对于"入职后会尽快熟悉单位晋升制度"的选择中，选择"符合"的有777人，占79.3%；选择"不符合"的仅有31人，占3.1%；选择"不确定"的有172人，占17.6%。对于"入职后有尽快准备晋升必备条件的意识"的选择中，前述数据依次为：选择"符合"的有716人，占73.1%；选择"不符合"的仅有46人，占4.7%；选择"不确定"的有218人，占22.2%。从中可以发现：对于目标岗位进行权衡考量时，"晋升意识"的觉醒是当代高职生的一个显著性特征，与多数先辈劳动者主要关注薪资福利不同，他们不仅考量岗位的薪资福利，也开始考量目标岗位给自己所能提供的发展空间。无论是对于"入职前"的考量，还是对于"入职后"的考量，多数高职生对此都有所认识：73.6%的高职生"入职前会初步评估自己在该单位的晋升空间"；63.9%的高职生"入职前有设计自己晋升方案的意识"；79.3%的高职生"入职后会尽快熟悉单位晋升制度"；73.1%的高职生"入职后有尽快准备晋升必备条件的意识"。这在一定程度上反映出高职生开始从更为理性的认知层面来考量职业和岗位：他们不是仅仅把工作看成一种谋生的手段，而是会把工作岗位同自身的职业生涯发展相联系，这事实上也就同他们的自我实现相联系了。

表4-5　"晋升意识"条目作答的基本结果

条目	入职前会初步评估自己在该单位的晋升空间		入职前有设计自己晋升方案的意识		入职后会尽快熟悉单位晋升制度		入职后有尽快准备晋升必备条件的意识	
	频数	百分比	频数	百分比	频数	百分比	频数	百分比
极不符合	11	1.1%	13	1.3%	12	1.2%	10	1.0%
不符合	37	3.8%	46	4.7%	19	1.9%	36	3.7%
不确定	211	21.5%	295	30.1%	172	17.6%	218	22.2%
符合	527	53.8%	426	43.5%	516	52.7%	484	49.4%
非常符合	194	19.8%	200	20.4%	261	26.6%	232	23.7%

（三）初现创新观念

"创新是一个民族进步的灵魂，是一个国家兴旺发达的不竭动力。"[1] 当代高职生普遍具有一定的创新意识。如表4-6所示，参与调研的980名高职生对于"希望工作能激活自己的创新潜力"的选择中，选择"符合"（包括"非常符合"和"符合"，下同）的有700人，占总体的71.5%；选择"不符合"（包括"不符合"和"极不符合"，下同）的仅有61人，占总体的6.2%，此外，选择"不确定"的有219人，占总体的22.3%。相应地，对于"希望工作能创造出引领社会消费潮流的新服务（如共享单车等）"的选择中，选择"符合"的有642人，占65.5%；选择"不符合"的有85人，占8.7%；选择"不确定"的有253人，占25.8%。对于"希望工作能开发出新技术"的选择中，选择"符合"的有568人，占58.0%；选择"不符合"的有75人，占7.6%；选择"不确定"的有337人，占34.4%。对于"希望工作能创造出新颖而有价值的产品或作品"的选择中，选择"符合"的有615人，占62.7%；选择"不符合"的有72人，占7.4%；选择"不确定"的有293人，占29.9%。从中可以发现：作为社会主义劳动大军中新生代一分子，高职生普遍具有创新意识，71.5%的高职生希望"工作能激活自己的创新潜力"；65.5%的高职生希望"工作能创造出引领社会消费潮流的新服务（如共享单车等）"；58.0%的高职生希望"工作能

---

[1] 江泽民文选：第2卷[M].北京：人民出版社，2006：392.

开发出新技术";62.7%的高职生期待"工作能创造出新颖而有价值的产品或作品"。这表明高职生对于"工作创新"的认可度正处于一个较高水平，在一定程度上也反映了"大众创新"理念在高职生群体中已经开始生根、生长，但是同时也必须指出：对于创新潜力激活、创新服务、创新产品或作品以及创新技术的认知，高职生对它们的认可程度依次下降，分别是71.5%、65.5%、62.7%、58.0%，特别是对于"创新技术"的认可度在其中处于最低位置，这对于弘扬"技能宝贵"的思想以及深化高等职业教育主要是培养"技术、技能型人才"定位的认知，从一个侧面给人们提出了检视视角。

表4-6 "工作创新"条目作答的基本结果

条目	希望工作能激活自己的创新潜力		希望工作能创造出引领社会消费潮流的新服务(如共享单车等)		希望工作能开发出新技术		希望工作能创造出新颖而有价值的产品或作品	
	频数	百分比	频数	百分比	频数	百分比	频数	百分比
极不符合	24	2.4%	32	3.3%	23	2.3%	25	2.6%
不符合	37	3.8%	53	5.4%	52	5.3%	47	4.8%
不确定	219	22.3%	253	25.8%	337	34.4%	293	29.9%
符合	475	48.5%	397	40.5%	376	38.4%	408	41.6%
非常符合	225	23.0%	245	25.0%	192	19.6%	207	21.1%

（四）初现创业观念

如表4-7所示，参与调研的980名高职生对于"一旦发现机会，会迅速开展调研，并创造条件去创业"的选择中，选择"符合"（包括"符合"和"非常符合"，下同）的有651人，占总体的66.4%；选择"不符合"（包括"极不符合"和"不符合"，下同）的有42人，仅占总体的4.3%；此外，选择"不确定"的有287人，占总体的29.3%。相应地，对于"会与团队其他成员认真讨论创业方案的可行性"的选择中，前述数据依次为：选择"符合"的有808人，占82.4%；选择"不符合"的有36人，占

3.6%；选择"不确定"的有136人，占13.9%。对于"创业需要追求技术、产品或服务的创新"的选择中，前述数据依次为：选择"符合"的有765人，占78.0%；选择"不符合"的有29人，占2.9%；选择"不确定"的有186人，占19.0%。对于"要创业会首选互联网经济（如：开网店、经营共享单车等）"的选择中，前述数据依次为：选择"符合"的有652人，占66.6%；选择"不符合"的有54人，占5.5%；选择"不确定"的有274人，占28.0%。从中可以发现：受"大众创业、万众创新"国家宏观政策和教育理念的引领，大多数高职生已经具备初步的创业观念。其中：82.4%的高职生认同与团队成员探讨创业方案的可行性；78.0%的高职生认同创业需要追求技术、产品或服务的创新；66.6%的高职生愿意把互联网经济作为创业的首选；66.4%的高职生认同只要发现机会，就会快速开展调研，并创造条件去创业。这反映出当代高职生已经初步认同：创业是职业生涯发展的一种探索和尝试，如果时机和条件具备，他们中的多数会选择创业，并为之奋斗。但需要注意：高职生的创业之路困难重重，资金不足、管理薄弱、资源匮乏是横亘在其创业之路上的三大障碍，因而创业成功率较低。在日常的教育教学中，我们要让高职生充分认识到创业面临严峻的形势，厘清个人期望的创业结果与个人创业过程的努力程度的非匹配性对应，深挖创业过程对于高职生职业生涯发展的教育意义。

表4-7 "自我能动"条目作答的基本结果

条目	一旦发现机会，会迅速开展调研，并创造条件去创业		会与团队其他成员认真讨论创业方案的可行性		创业需要追求技术、产品或服务的创新		要创业会首选互联网经济（如:开网店、经营共享单车等）	
	频数	百分比	频数	百分比	频数	百分比	频数	百分比
极不符合	16	1.6%	19	1.9%	14	1.4%	19	1.9%
不符合	26	2.7%	17	1.7%	15	1.5%	35	3.6%
不确定	287	29.3%	136	13.9%	186	19.0%	274	28.0%
符合	445	45.4%	591	60.3%	510	52.0%	471	48.1%
非常符合	206	21.0%	217	22.1%	255	26.0%	181	18.5%

三、互动取向

运用所编制的正式量表对980名被试高职生进行职业价值观测量,这里主要考察量表中"互动感观"维度中各个具体条目的不同选项被选择的频数和所占百分比,以进一步诠释高职生职业价值观"互动感观"取向的基本特征。

(一)考量组织气质

如表4-8所示,参与调研的980名高职生对于"希望能与同事合作愉快"的选择中,选择"符合"(包括"符合"和"非常符合",下同)的有888人,占总体的90.6%;选择"不符合"(包括"极不符合"和"不符合",下同)的仅有10人,占总体的1.0%;此外,选择"不确定"的有82人,占总体的8.4%。相应地,对于"希望工作团队的凝聚力强"的选择中,前述数据依次为:选择"符合"的有852人,占87.0%;选择"不符合"的仅有16人,占1.6%;选择"不确定"的有112人,占11.4%。对于"希望单位同事要有团队协作意识"的选择中,前述数据依次为:选择"符合"的有893人,占91.1%;选择"不符合"的仅有12人,占1.2%;选择"不确定"的有75人,占7.7%。对于"希望单位内部有公平竞争的机制和氛围"的选择中,前述数据依次为:选择"符合"的有819人,占83.6%;选择"不符合"的仅有37人,占3.7%;选择"不确定"的有124人,占12.7%。从中可以发现:作为"互动感观"的内在组织文化支持,高职生对于同事的团队协作意识和在工作中具有愉悦的合作心态具有非常高的期望,并且对于公平竞争的机制和氛围以及工作团队的凝聚力的期望也比较高。一个非常好的工作团队,不仅其成员在日常的工作中会身心愉悦,而且有利于其成员职业生涯的发展,有利于工作团队价值、个人价值以及社会价值的自我实现。因此,我们要在职业价值观教育中对高职生加以有效引导,使他们能够具有比较清晰地考量目标工作单位内部"组织气质"的个体意识。

表4-8　"组织气质"条目作答的基本结果

条目	希望能与同事合作愉快		希望工作团队的凝聚力强		希望单位同事有团队协作意识		希望单位内部有公平竞争的机制和氛围	
	频数	百分比	频数	百分比	频数	百分比	频数	百分比
极不符合	6	0.6%	4	0.4%	5	0.5%	14	1.4%
不符合	4	0.4%	12	1.2%	7	0.7%	23	2.3%
不确定	82	8.4%	112	11.4%	75	7.7%	124	12.7%
符合	365	37.2%	326	33.3%	355	36.2%	380	38.8%
非常符合	523	53.4%	526	53.7%	538	54.9%	439	44.8%

（二）认同道德规范

如表4-9所示，参与调研的980名高职生对于"希望工作任务或工作方式不损害社会公共利益"的选择中，选择"符合"（包括"符合"和"非常符合"，下同）的有875人，占总体的89.3%；选择"不符合"（包括"极不符合"和"不符合"，下同）的仅有13人，占总体的1.3%；此外，选择"不确定"的有92人，占总体的9.4%。相应地，对于"希望工作环境不容易使人腐败或虚伪"的选择中，前述数据依次为：选择"符合"的有701人，占71.5%；选择"不符合"的仅有68人，占6.9%；选择"不确定"的有211人，占21.5%。对于"希望工作与社会公德或社会公共原则不相冲突"的选择中，前述数据依次为：选择"符合"的有830人，占84.7%；选择"不符合"的仅有26人，占2.6%；选择"不确定"的有124人，占12.7%。从中可以发现：绝大多数高职生具备一定的社会公德意识，能秉持社会公共原则，关注工作环境的纯正性，能坚守社会正义感，不愿为"一己私利"或"小团体私利"而损害社会公共利益，这确证了高职生群体基本具有良好的道德基础。同时，需要注意：还有少部分高职生对于工作领域所涉及的社会公德的认知模糊，有12.7%的高职生对于"希望工作与社会公德或社会公共原则不相冲突"的认知和信念尚不确定；21.5%的高职生对于"希望工作环境不容易使人腐败或虚伪"的认知和态度尚不清晰；9.4%的高职生对于"希望工作任务或工作方式不损害社会公共利益"的认知和态度仍较模糊。另外，还有极少数高职生的社会公德意识和社会正义感令人担忧：对于"希望工作与社会公德或社会公共原则不相冲突"，有2.6%的高职生持明确的反对态度；对于"希望工作环境不容易使人腐败或虚伪"持明确反对态度的高职生占6.9%；而对于"希望工作任务或工作方式不损害社会公共利益"持明确反对态度的高职生占1.3%。对工作领域涉及社会公德和社会正义感的认知，无论是那些持明确反对态度的高职生，还是那些态度尚未明确的高职生，都是职业价值观教育需要重点关注和帮扶的对象。

表4-9 "道德规范"条目作答的基本结果

条目	希望工作任务或工作方式不损害社会公共利益		希望工作环境不容易使人腐败或虚伪		希望工作与社会公德或社会公共原则不相冲突	
	频数	百分比	频数	百分比	频数	百分比
极不符合	6	0.6%	21	2.1%	10	1.0%
不符合	7	0.7%	47	4.8%	16	1.6%
不确定	92	9.4%	211	21.5%	124	12.7%
符合	295	30.1%	345	35.2%	405	41.3%
非常符合	580	59.2%	356	36.3%	425	43.4%

（三）缺失团队忠诚

基于研究者在理论构思中的高职生职业价值观"团队维护"维度，笔者对初测中采集的数据进行一系列的统计分析，"团队维护"维度在职业价值观量表的实际编制工作中并没有得到保留，所以正式量表并不包括"团队维护"维度，从而在正式实测中没能采集这个维度预设条目的数据。这里将运用预试问卷在预测时所采集的相关数据，对高职生职业价值观中的"团队忠诚"进行分析。

如表4-10所示，参与调研的498名高职生对于"有更好的福利待遇，自己就会跳槽"的选择中，选择"符合"（包括"符合"和"非常符合"，下同）的有229人，占总体的46.0%；选择"不符合"（包括"极不符合"和"不符合"，下同）的仅有78人，占总体的15.6%；此外，选择"不确定"的有191人，占总体的38.4%。相应地，对于"感觉自己晋升无望，就会主动找机会跳槽"的选择中，前述数据依次为：选择"符合"的有246人，占49.4%；选择"不符合"的仅有81人，占16.2%；选择"不确定"的有171人，占34.3%。对于"虽然成员之间竞争激烈，但相信公平、正当的竞争"的选择中，前述数据依次为：选择"符合"的有412人，占82.8%；选择"不符合"的仅有18人，占3.6%；选择"不确定"的有68人，占13.7%。对于"会主动为团队的发展出谋划策"的选择中，前述数据依次为：选择"符合"的有422人，占84.8%；选择"不符合"的仅有9人，占1.8%；选择"不确定"的有67人，占13.5%。从中可以发现：大部分高职生渴望团队成员公平竞争，愿为团队发展出谋划策，但在较大程度上需要良好的个人发展空间作为重要的前提保障。但现实的困境在于：高职生对于"岗位福利待遇"和"个人发展空间"的需求与社会企业、社会组织所能供给的"岗位福利待遇"和"个人发展空间"二者之间存在矛盾，并且这一矛盾具有相当程度上的难以调和性。因此，一方面，社会对于"岗位福利待遇"和"个人发展空间"的供给能力和供给水平需要不断提升；另一方面，在高职生职业价值观教育中要坚持以马克思职业价值观和马克思主义自我实现思想为指针，引导高职生合理规划当前发展与长远发展，合理定位个人需要与社会需要，正确处理个人价值和社会价值的关系。

表4-10　"团队忠诚"条目作答的基本结果

条目	有更好的福利待遇,自己就会跳槽		感觉自己晋升无望,就会主动找机会跳槽		虽然成员之间竞争激烈,但相信公平、正当的竞争		会主动为团队的发展出谋划策	
	频数	百分比	频数	百分比	频数	百分比	频数	百分比
极不符合	27	5.4%	29	5.8%	5	1.0%	2	0.4%
不符合	51	10.2%	52	10.4%	13	2.6%	7	1.4%
不确定	191	38.4%	171	34.3%	68	13.7%	67	13.5%
符合	129	25.9%	151	30.3%	200	40.2%	212	42.6%
非常符合	100	20.1%	95	19.1%	212	42.6%	210	42.2%

　　总体来说，高职生职业价值观具有一定独特性且在不断变化中，以上只是对此作了一些梳理，鉴于主客观原因，可能还存在一些重要的特点尚未被纳入讨论范围，这需要我们在以后的研究中随着学生群体的不断变化继续探讨。

　　这些特点既是职业价值观教育的切入点（针对性和可接受性的需要），也是要着力引导的难点和痛点。职业价值观教育的成效在很大程度上取决于这些难点和痛点的有效突破。

第五章　高职生职业价值观的教育引导

马克思主义价值哲学研究者对于价值的主流认知是基于主客体关系的，他们认为价值包含主体、客体以及主客体之间相互作用所形成的价值关系。从上述价值哲学意蕴出发，可以在"主体""客体"以及"主体客体互动"的语境之中来探讨当代高职生职业价值观的教育问题。本章将针对当代高职生的发展及其职业价值观存在的主要偏差，结合高职生职业价值观形成的影响因素、形成机制和主要特点，并根据上文关于职业价值观结构维度的分析，从"主体需要定位""职业偏好引导"和"互动氛围营造"三个维度对当前我国高职生职业价值观的教育进行探讨。

第一节　主体需要定位

主体需要定位主要关涉高职生的主体需要合理定位的问题。所谓"主体需要合理定位"是指，以目标岗位工作或目标职业活动为中介，以实现人生价值为根本目的，个体对关于自身生存、发展和自我实现所赖以维系的、并可能实现的、序列化的"主体需要"，所进行的具有一定目的性的、内在心理企及评估并伴随相应外在探索行为的、内外趋向协调统一的、系列化的、关涉主体需要的心理构建和实践探索；是以"合目的性与合规律性"为基本准则，把自身的职业发展需要与社会需要有效对接的实践活动。"主体需要定位"主要关注三个层面的逻辑议题："'需要'的起点""'需要'的终点"和"'需要'的实现路径"。"'需要'的起点"指向"我是谁？""'需要'的终点"指向"我要成为怎样的人？""'需要'的实现路径"根本落脚点在于"'人的需要'何以建构?"

毋庸置疑,需要是人的职业活动的根本推动力量,必须把"人的需要"作为对高职生进行职业价值观教育的根本出发点。"人的需要"与"人的职业需要"在非异化的社会条件下具有同一性,它们旨归于"人的自由的意识的活动"。但受生产力发展水平的制约,二者"同一性"的旨归在当下的存在状态却呈现出割裂的、异化的实在性。因此,在社会既有的现实语境中,如何用"人的需要"同化和建构"职业需要",使二者日益趋同于"人的自由的意识的活动",则是高职生职业价值观教育领域的重大战略课题。对"'人的需要'何以建构"的追问,合乎逻辑地要追问:"我是谁?""我要成为怎样的人?""我是谁?"为价值主体认识自身提供历史方位感,是主体建构自身"人的需要"的逻辑起点;"我要成为怎样的人?"则是价值主体在实现"人的需要"的过程中所呈现的具有时空序列特征的主体现实存在状态,是一个又一个"人的需要"得到满足以后的主体的自我对象化目标。对高职生进行"主体需要定位"教育必须要坚持"人既是目的又是手段,是目的与手段的统一"这一根本的价值准则,使个体或团队的发展与人类社会的发展相协调、相统一。这种相协调、相统一的过程,也就是"人的需要"与"职业需要"相协调、相统一的过程。相关教育工作者要帮助高职生找准自身的历史方位感和价值实现的逻辑起点,分析与研判"我欲成为那个人"的现实可能性,让高职生自我对象化的终极目标清晰化、精准化。在此基础上再帮助高职生进行自起点到终点的自我实现的路径设计,探索并逐步建构具有个性化特征的由"人的需要"所集成的、尽可能是多样性的"需要备选空间"。有学者依据马克思的《1844年经济学哲学手稿》中有关论述,认为"需要的异化或异化需要"表现在三个方面:(一)需要的粗陋化;(二)需要的物化;(三)需要的工具化①。为了尽可能实现劳动的去异化倾向,必然要求高职生所建构的"备选空间"里的"需要"构成要素都具有去异化倾向的特征,即这

---

① 朱志勇."人的需要"与需要异化:马克思《巴黎手稿》需要理论探析[J].河北学刊,2008(6):29-33.

些"需要"要满足去粗陋化、去物化和去工具化的基本要求。无疑，这是高职生职业价值观教育的崇高追求，同时对教育工作者而言也是一项艰巨的挑战。步入职场的高职生的主体需要具有多维性和复杂性的特点，这里主要从"职业理想塑造""职业效能提升"和"个性品格教育"三个方面探讨主体需要合理定位问题。

一、职业理想塑造

可以在高职院校的思想政治理论课教学中融入职业理想教育，帮助高职生树立正确的职业理想，这里主要从四个环节展开，即：现状审度，认知重构；主题研讨，价值引领；榜样垂范，情感共鸣；实践体认，知行统一。

（一）现状审度，认知重构

思想政治理论课教学必须从职业教育现状和高职生的实际出发，重构高职生的职业愿景。首先，在大一的思想政治理论课绪论部分的教学中，教师要帮助高职生认清当前国家对职业教育的重视以及对技术技能型人才的期许与渴盼。习近平总书记曾强调："职业教育是国民教育体系和人力资源开发的重要组成部分，是广大青年打开通往成功成才大门的重要途径，肩负着培养多样化人才、传承技术技能、促进就业创业的重要职责，必须高度重视、加快发展。"[1]他还指出，要"弘扬劳动光荣、技能宝贵、创造伟大的时代风尚，营造人人皆可成才、人人尽展其才的良好环境，努力培养数以亿计的高素质劳动者和技术技能人才"[2]。由此可见，当前的政策导向有利于改变公众对职业教育的传统偏见，为高职生提供了良好的发展机遇。如果高职生爱劳动、有技能、会创造，就有机会成功成才，高

---

[1] 中共中央文献研究室.习近平关于社会主义社会建设论述摘编[M].北京：中央文献出版社,2017:48.

[2] 中共中央文献研究室.习近平关于科技创新论述摘编[M].北京：中央文献出版社,2016:119.

职生要对自己的未来充满自信。其次，教师要帮助高职生认清高职院校的特点和所学专业的情况。思想政治理论课教师可以结合本校的情况和所带班级的实际进行介绍，也可以邀请辅导员、专业课教师或高年级学生在课堂上与大一新生面对面地交流，让新生了解高职院校培养的是适应生产、管理、服务第一线需要的德、智、体、美等方面全面发展的高等技术应用型专门人才。高职院校与其他普通高等学校的不同主要在于办学类型的不同，而不是办学层次上的不同。不同类型院校培养的大学生的差异主要在于职业愿景定位的不同，而非岗位胜任能力的不同。最后，教师要帮助高职生认清自己，明确自己的职业定位。在教学中教师可以采用多种方式引导高职生了解职业概念和职业兴趣，借鉴职业发展理论帮助高职生及时调整、修正和完善自己的职业理想。高职院校的培养目标是使毕业生具有一定的基础理论知识、较强技术应用能力等特点。这正好符合高职生爱动手的特点，所以要加强对高职生应用能力的培养，使他们在熟练应用岗位工作技术和驾驭策略等层面的工作能力不断提升，这有利于增强高职生的自信心。教师还要逐步引导高职生在进行职业选择时主动考虑现有的社会关系，正如马克思所说："我们并不总是能够选择我们自认为适合的职业；我们在社会上的关系，还在我们有能力决定它们以前就已经在某种程度上开始确立了。"[1]

（二）主题研讨，价值引领

价值引领是指在教学中引导高职生以马克思所提出的"人类的幸福和我们自身的完美"[2]为指针而选择工作的职业价值观为指导来升华其职业理想的境界。经过问卷调查和深度访谈，并结合具体实践，笔者发现不少高职生关注现实多于关注理想。因此，要把马克思所提出的"人类的幸福和我们自身的完美"而工作的职业价值观贯穿到高职生职业价值观教育的全过程。

---

① 马克思恩格斯全集：第1卷[M].北京：人民出版社，1995：457.
② 马克思恩格斯全集：第1卷[M].北京：人民出版社，1995：459.

　　在思想政治理论课教学中对高职生进行马克思所提出的"人类的幸福和我们自身的完美"而工作的职业价值观的教育，切忌用空洞的理论说教，而是要开展主题研讨活动，使高职生澄清价值认知、明辨是非，以引领他们树立高尚的价值追求。在课堂上教师首先要引导高职生懂得如何对自己的人生价值进行评价。考虑到高职生实际情况，可以把此问题再细分为若干小问题引导高职生讨论：（1）个人价值和社会价值有怎样的关系？在讨论基础上教师做总结：人生的自我价值和社会价值，既相互区别，又密切联系、相互依存，共同构成人生价值的矛盾统一体。通过本部分的讨论，引导高职生理解个人的需要的满足取决于他的人生活动对社会和他人的贡献，即他的社会价值。（2）怎样实现个人价值和社会价值的统一？在讨论基础上教师做总结：在选择职业时，我们应该遵循的主要指针是"人类的幸福和我们自身的完美"。通过本部分的讨论，引导高职生领悟只有把人类的幸福和自身的完美结合起来才能实现个人价值和社会价值的统一。（3）社会评价人生价值的普遍标准是什么？在讨论的基础上教师做总结：劳动以及通过劳动对社会和他人作出的贡献是社会评价人生价值的普遍标准。通过本部分的讨论，引导高职生掌握：劳动是财富的源泉，也是幸福的源泉，人生价值的实现要靠辛勤劳动、诚实劳动和创造性劳动。在讨论的基础上可以结合《马克思靠谱》一书向高职生介绍马克思的职业价值观和劳动价值观，也可以选择其他有一定影响力的视频来引导高职生，比如可以结合《朗读者》第九期几个大学生的做法，组织学生讨论究竟应该选择怎样的人生才有意义；可以结合《见字如面》第二期里童话大王郑渊洁年轻时期的迷茫过往，以引导高职生认识到：不管自己面临怎样的处境都还要努力追求自己的梦想。综上所述，思想政治理论课教师可以运用讨论和观看视频等形式，逐步引导高职生认识到：只有以马克思的职业价值观为指导，才能树立崇高的职业理想，并在此基础上扩展为道德理想、生活理想和政治理想，从而在人生理想的指引下创造有价值的人生。

(三)榜样垂范,情感共鸣

"伟大时代呼唤伟大精神,崇高事业需要榜样引领。"[①]高职院校思想政治理论课的教师进行榜样教育时可以从社会上挑选不同行业的代表,或从毕业校友和尚在校园求学的优秀学子中选取典型,弘扬"劳动光荣、技能宝贵、创造伟大"时代风尚,开展榜样示范教育,引发高职生的情感共鸣,提升他们的职业理想境界。教师可以结合《大国工匠》里八位不同岗位劳动者的故事或《中国大能手》比赛中的选手的经历,培育高职生追求卓越、精益求精、用户至上的工匠精神,坚定他们成为技能型人才的职业信念,引导他们以八位工匠为楷模或以中国大能手为榜样,努力成为德、智、体、美、劳全面发展的技能型人才。思想政治理论课教师还可以结合各行各业劳模的事迹来帮助高职生铸就爱岗敬业、争创一流,艰苦奋斗、勇于创新,淡泊名利、甘于奉献的劳模精神,牢固树立劳动最光荣、劳动最崇高、劳动最伟大、劳动最美丽的观念。思想政治理论课教师也可以从毕业校友中选取典型对在校高职生进行职业理想教育,以引导高职生从会玩到会做。例如,曾有一个爱好拍摄和制作视频的高职生平时喜欢拍微电影,在玩的过程中发现自娱自乐没意思,要做一些不仅个人受益而且他人受益的事情,就抓住机会导演并拍摄了其所在城市的宣传片,上传网络后社会反响热烈,因此得到了多家媒体的报道,影响逐渐扩大,在此基础上他成立了文化传播有限公司。他在创业过程中遇到了志同道合的女友,在追求职业理想的过程中也收获了美好的爱情。我们可以选取类似这样的创业典型引导高职生懂得:"玩"只有过程没有结果,意义在于个体;"做"既有过程也有结果,不仅个人受益而且他人受益。另外,如果条件允许的话可以邀请一些优秀毕业生回母校开展讲座或组织讨论,面对面地交流更容易引起学生情感上的共鸣。教师还可以从尚在校园求学的优秀学子中选取典型,比如从各类职业技能大赛的获奖者、国家励志奖学金获得者或国家奖学金获得者中选取部分同学,讲述他们的成长经历,鼓励高职生以他

---

① 习近平谈治国理政[M].北京:外文出版社,2014:159.

们为榜样，从小事做起，逐步实现自己的人生理想。

　　（四）实践体认，知行统一

　　实践体认是指在具体的实践情境中，教育对象自身言行举止中所表现出来的对某种理论或行为举止所蕴含的内在精神、品质和价值观等的实践体验和认可，并对其所反映的精神气魄的自觉践行。"而对教育内容的信念、信仰型掌握，只有通过思想政治教育对象具体的实践才能实现。"[①]高职生的职业理想教育必须与社会实践相结合，引导高职生逐步修正、丰富和完善自身的职业理想，并逐步实现知行统一。实践是职业理想教育的重要途径，高职生职业理想教育的有效开展要求教师必须引导和创造各种机会让高职生去体验。在实践活动中，高职生既能强健体魄，又能学习科学应对心理问题的方法和人际交往技巧，为将来更快地融入职场做好准备。教师要充分利用第一课堂，可以在课堂上组织模拟招聘活动，帮助高职生积累求职经验，培养求职能力，还可以在课堂上引导高职生做与自己职业发展相吻合的兼职，比如汽修专业的学生可利用课余时间去汽修厂或汽车4S店工作，在实践中逐步加深对自己专业的了解。在高职生实训后，教师要及时与他们沟通，让高职生理解和掌握如何在实践中一步一步地把理想转化为现实。有些高职生认为，实训时天天打磨器件很累、很枯燥，这时教师就要结合工匠榜样进行案例教学，分析大国工匠的成长历程，剖析其职业道德和人格品质，使高职生认识到：只有通过坚持不懈的实践努力，才可能成为像大国工匠那样的高级技能型人才。思想政治理论课教师还要努力开辟第二课堂，要与负责学生工作的教师积极沟通，把课堂教学和学生工作结合起来。比如一些高职生爱玩游戏，不爱劳动，这直接影响他们职业理想的实现。我们可以结合游戏的竞技性、任务性和挑战性等特点，在劳动中引入游戏的元素，通过开发和设计各种各样的劳动竞赛引导他们从爱游戏转变为爱劳动。比如可以在大一新生中开展叠军被比赛或寝室设计大赛等活动，思想政治理论课教师担任指导老师或评委，积极参与学生

---

　　① 沈壮海.思想政治教育有效性研究[M].2版.武汉:武汉大学出版社,2008:118.

组织的各项活动，在活动中引导高职生体验到劳动最光荣。教师要注意引导高职生积极参加职业规划大赛、职业技能大赛及创新创业大赛等各种比赛。职业规划大赛可以促使高职生从无目标到有目标，从无计划到有计划；职业技能大赛可以营造技能宝贵的氛围，推动高职生又好又快地成长；创新创业大赛可以营造创造伟大的氛围，激发高职生创新创业的热情，引导高职生从追时尚到求创新。另外，如果条件允许的话，高职生也可以边学习边创业。比如不少高职院校设有大学生创业园，免费提供场所和各种支持措施，降低了高职生创业的成本。思想政治理论课教师可以带领学生参观校办企业、社会实践基地或其他合作单位，潜移默化中帮助学生磨炼他们的职业意志，帮助他们形成良好的职业操守，适时适度地修正、丰富和完善他们的职业理想；还可以带领学生去法院旁听或开展模拟法庭活动，让学生在实践中学习劳动相关法律制度，培养他们以法治思维方式应对职业理想实现过程中各种复杂情况的能力，以便他们从容应对职业活动中的种种挫折与困顿，在法治思维模式中逐步实现自身的职业理想。当然，无论是开展校内的辩论式或研讨式的模拟实践活动，还是开展校外的观摩式、体验式或实战式的职业实践活动，都要从"实践目的""实践主体""实践方式""实践过程""实践效果"等方面进行科学合理的规划、设计与评估，从而在拓展职业实践和优化实践成效的同时还能让高职生不断地完善和实现自身的职业理想，最终实现知行统一。

总之，教师要引导高职生深刻理解："有信念、有梦想、有奋斗、有奉献的人生，才是有意义的人生。"[①]在通过思想政治理论课对高职生进行职业理想教育的过程中，教师教学方式也要相应变化：要少说教、多研讨，精讲解、多活动。第一课堂要多让学生发言、参与课堂讨论，教师要少讲、精讲。道理讲多了，高职生听不进去，因此教师要组织好第二课堂，把这些道理转化为实践活动，让高职生真正领悟这些道理，并潜移默化地融入自己日常生活中，成为催生其职业理想得以逐步实现的可持续、

---

① 中共中央文献研究室.十八大以来重要文献选编:中[M].北京:中央文献出版社，2016:10.

原发性的推动力。

二、职业效能提升

职业效能的提升是增强当代高职生职业自信心的重要举措。高职生职业效能的提升需要通过高等职业教育与生产劳动紧密结合来实现，"无论是脱离生产劳动的教学和教育，或是没有同时进行教学和教育的生产劳动，都不能达到现代技术水平和科学知识现状所要求的高度"[1]。不仅如此，这种结合还是"培养理论与实际结合、学用一致、全面发展的新人的根本途径，是逐步消灭脑力劳动和体力劳动差别的重要措施"[2]。

要满足高职生职业效能提升的需要，高职院校可以强化和拓展相关实训课程的建设，结合专业特点要求，从硬件和软件两个方面为这些相关实训课程提供充分的保障。高职院校基本上会把高年级的高职生指派到有关生产企业的一线生产岗位进行岗位实习，并会在实习之前在校内的实训中心进行专业技能的培训。强化和拓展高职生职业效能提升的相关实训课程的建设，需要从硬件和软件两个层面展开：一是高职院校要设立专门的教学岗位，提供专门的、达到"社会认可量级"的人才引进资金，以保障能够从生产企业全职引进或兼职引进专家型的应用技术型人才作为校内专业技能培训的指导教师；二是高职院校或相关部门要投入一定的资金购买专业实习、实训必备的关键设备。为了高职生的职业生涯发展，同时也为了高职院校的自身发展，这些关键设备的投入必不可少。例如，媒体报道了江苏某高职院校斥巨资（1200余万元）购买了空客A320，不仅满足了该校航空工程相关专业高职生的实训需求，同时还与上海有关方面合作，成为华东地区航空公司地勤和空乘人员的培训基地。如今，该高职院校已经获得中国民航局授权，可以进行飞机维修培训并能颁发培训证书，也是具有中国民航局CCAR-147飞机维修培训资质以及CCAR-66飞机维修执照考点资质的高校。显然，就航空工程专业而言，该高职院校已经走在了全国

---

① 列宁全集:第2卷[M].北京:人民出版社,1984:461.

② 邓小平文选:第2卷[M].北京:人民出版社,1994:107.

高职院校的前列，航空工程专业已经成为该高职院校一个品牌专业。所以，高职院校要切实从硬件和软件两个方面不断做强、做大专业品牌，而高职院校专业品牌做强、做大的过程也是其高职生职业能力不断增强，职业自信心和职业自我效能感不断提升的过程。

三、个性品格教育

高职院校可以借鉴西方的职业生涯规划理论，增设职业心理相关的课程，以适度满足高职生职业个性发展的需要，努力引导高职生逐步树立马克思所倡导的以"人类幸福和我们自身完美"为指针而选择工作的职业价值观。

（一）在高职院校开设职业心理相关的"职业心理学"通识课程

在高职院校各个专业要开设职业心理相关的通识课程"职业心理学"，主要介绍职业选择、职业生涯管理、职场压力应对等通识性知识和通用技术手段。为适应高职生的知识水平、认知特点和满足高职生职业生涯发展的需要，高职院校开设的"职业心理学"课程要注重和凸显实践操作层面的教学，而不是像普通高等本科院校为心理学专业本科生开设的"职业心理学"课程那样更强调理论层面的教学。

（二）高职院校要结合具体专业特点开设相应专业领域内的职业心理课程

例如，在高职院校营销专业开设"消费心理学"，在各个工科相关专业开设"工程心理学"，在法律专业开设"司法心理学"和"变态心理学"，在管理学相关专业开设"管理心理学"，在人力资源管理专业开设"管理心理学"和"人事心理学"，在师范专业开设"教育心理学"，在幼教专业开设"发展心理学"和"教育心理学"，等等。同样，从高职生特点和职业生涯发展需要出发，在相关专业开设的这些职业心理相关课程的教学也要把实践操作放在第一位，理论探讨放在第二位。因此，"案例教学"是这些课程教学中的有益尝试。

（三）高职院校要开设关涉职业归属取向的高职生个性特征分析课程："个性心理学"和"专业（职业）个性心理学"

结合高职院校各专业的特点和高职生的个性特征，以团体主题活动或小组研讨的方式，讲解"个性心理学"中的需要、动机、兴趣、气质、性格等内容，并且在尚未有可使用的权威的本土化《职业兴趣量表》的情况下，可以借鉴国外的相关测量工具，例如《霍兰德职业兴趣量表》及相关理论，对高职生的职业性向进行相关测量，分析高职生个性特征中与专业特征及目标岗位特征相协调趋同的那些特质，同时发现高职生个性特征与专业特征及目标岗位特征相冲突、不协调的那些特质，并据此给出对策、建议。

（四）高职院校要开设"岗位期望""主体能动性""人际互动"等专题讲座或论坛

围绕"岗位期望的合理定位""职业需要的主体自我能动性发挥""职场人际互动"等主旨议题，开设专题讲座或主题论坛。结合社会发展的现实背景，与高职生开展关于"岗位期望合理定位""主体自我能动性""职场人际互动"的对话。以"职场人际互动"为例，可以围绕下列具体议题展开："我们怎样才能做出准确的判断""我们的信念是否倾向于自我实现""说服的途径有哪些""说服要素有哪些""怎样才能有效抵制被说服"，以及"我们是怎样受他人影响的""人在群体中何时会失去自我感""群体思维是促进还是阻碍好的决策""个体如何有效影响群体"，等等。一方面，这样做能帮助高职院校的教育工作者充分了解高职生的认知水平和思想现状，为后续的教育工作找准"支点"；另一方面，它还有利于充分发掘隐匿在高职生思想深处的潜在的教育资源，是显性课程教学的有益补充。

上述所有课程都要以"我是谁？""我欲成为怎样的人？""我何以成为

那样的人?"为基本逻辑线索,在尊重价值实现的社会属性的前提下,从高职生"个体需要"和"自我实现"的视角,从高职生职业个性心理层面,为高职生职业价值观的"主体需要定位"教育而提供课程设计,可以把上述课程中的相关教学主题,整合成若干单元,融合到一门或两门课程之中。

第二节 职业偏好引导

职业偏好引导是指高职院校教育工作者在对高职生的"主体需要"进行"合目的性与合规律性"分析的基础上,引导他们以实现人生价值为根本目的,以关于自身生存、发展和自我实现所赖以维系的,并可能实现的、序列化的"主体需要"为标的,个体对某一种或某几种目标岗位工作或目标职业活动的外在职业属性和内在职业属性等所进行的认知理解,并结合具体的实践体验活动,把自身的基本素质(特别是个性特征)和职业兴趣及偏好与这种或这几种目标岗位工作或目标职业活动所蕴含的岗位主体必须具备的基本素质相对照的、相匹配的、系统化的认知体验过程。职业偏好引导主要关注三个层面的逻辑议题:"职业属性分析""职业偏好认知"和"职业岗位体验"。

一、职业属性分析

职业属性分析是指从静态和动态的视角,考察具体职业岗位或在系列化的"岗位链"上的某个或某些职业岗位所具有的外在社会属性以及它们自身所具有的内在岗位结构、制度规范、运行机制,乃至岗位体系与外在社会系统的互动关系,等等。职业属性分析指向"我欲从事的那种或那些职业具有哪些职业属性?"让高职生了解和掌握社会职业系统及其运作方式,从中筛选出一种或几种职业,进行职业属性的深度考察。这种考察不能仅仅停留在职业属性的外部尺度,如社会地位、薪资福利等,更要进行职业属性的内在尺度的考察,如岗位结构、内在规范、晋升机会、激励制度等。高职生同时要学会正确评估这些职业或岗位劳动属性的异化程度，以便确认这些职业或岗位的属性及其异化程度是否在自身可接受范围，以决定自身的下一步行动方略：是积极参与其中，在这个"围城"的内部对其进行劳动异化和需要异化的消解；还是回撤蓄力，在这个"围城"的外部对其进行劳动异化和需要异化的消解。不论哪种异化的消解，其根本指针都在于"人的有意识的自由活动"，指向了人类的自由。例如，淘宝网团队就是把自身置于商业运营机制的内部，从内部改造商业运营模式。总之，相关教育工作者要教育高职生拥有坚定的职业自信心和远大的职业理想，如果可能我们就从体制内部改造存有"异化人类劳动"的不合理的体制构成要素和工作运营机制；或者从外部改造那些不合理的"异化"成分，以逐步促进职业岗位属性的人性化变革，在通往"人类的幸福和我们自身的完美"①康庄大道上迈出坚实有力的步伐。

不少高职生对职业的了解缺乏现实感，他们对职业属性的认知受到明星效应的影响。这些明星或为影视娱乐明星，或为创业成功人士或为初见工作成效的同校学长。这些高职生认为这些明星们的成功模式更易复制，更易为自己所用。在此情况下，高职院校可以邀请或聘请社会成功人士（最好柔性引进成功校友作为学校的兼职或专职教师），采用访谈、讲座等多种形式分享他们人生道路上的成功经验，与高职生面对面地进行对话交流，帮助高职生及时而准确地了解职业系统的社会资讯。高职院校可以搭建"职业纵横"的讨论平台，每期可选定一种或一类职业，并结合时代背景探讨其兴盛、衰退的历史和逻辑规律，从中发掘"创新"的意义与价值，从"个体需要"与"社会需要"和谐统一的视角，让高职生最终养成动态认识某种职业社会声望和地位的习惯和能力，并能够把自身比较感兴趣的若干职业岗位有效地加以整理归类，厘清这些岗位主体所必备的岗位基本素质；还可以开展在校高职生自主创业的主题教育活动，或者直接增设自主创业的相关课程，等等。高职院校要充分利用一切可以促进在校高职生自主创业意识和水平的课程教育模式，比如可以借鉴《学会做事——

---

① 马克思恩格斯全集：第1卷[M].北京：人民出版社，1995：459.

在全球化中共同学习与工作的价值观》中的模块17"构建创新的工作文化"和模块18"学做创业者",采用四步循环教学法(知晓、理解、评价和行动)①,结合专业特点或者高职生的个性偏好进行教学,帮助高职生分析创业可能带来的收获与面临的风险,引导高职生在实践中摸索出自己的创业方向。

二、职业偏好认知

这里职业偏好认知是指运用有关职业性格测量工具对高职生个体进行职业性格测量,结合测量所得的高职生个体的职业性格特征,为他(她)提供个性化的、具有较高职业性格匹配度的若干目标职业"备选项"。在未定型之前,高职生的职业偏好往往具有偶发性、随意性、多变性和发散性等特点。高职院校有关教育工作者运用一些较为权威的测量工具,在对高职生的职业人格品质进行科学测量的基础上,依据分析测量所得出的高职生职业人格类型,对高职生的职业偏好进行分析梳理,以便最终使高职生的职业偏好聚焦到某一类型或某几种类型的职业岗位上,以实现高职生职业偏好的初步对象化。与欧美国家相比,我国的国民职业生涯教育起步相对较晚,具有一定权威和较大影响力的本土化职业性格测量工具尚未开发成熟,目前可以利用国外现有的比较权威的职业性格测量工具,如职业锚测试、MBTI职业性格测试和霍兰德职业兴趣测验等,对高职生进行职业性格评估,并依据职业性格评估结果,对高职生个体比较适宜从事的职业提出建议。这里以美国霍普金斯大学约翰·霍兰德教授的职业兴趣理论模型为例加以简要分析说明。

霍兰德教授提出了职业兴趣六边形模型,基于这个六边形模型,能够构造出120个有序三角形,每个有序三角形分别对应一种职业性格类型,而每一种职业性格类型又对应十几种、几十种乃至上百种职业岗位。另外,霍兰德团队还编制了职业性格测量问卷。高职院校的相关教育工作者

①卢德斯·R.奎苏姆宾,卓依·德·利奥.学会做事:在全球化中共同学习与工作的价值观[M].余祖光,译.北京:人民教育出版社,2006:25.

可以运用霍兰德职业性格问卷测量出每一个高职生个体的职业性格构成基本要件［由现实型（R）、常规型（C）、企业型（E）、社会型（S）、艺术型（A）、研究型（I）中三个要素组成］，例如如果由R、I、E组成，那么需要进一步研判由这三个组成要素构成的不同职业性格类型（如"RIE""REI""IRE"等）中哪一种与高职生职业性格更具有一致性，以确定高职生职业偏好所对应的职业性格类型。因此，在运用霍兰德职业兴趣测量工具的基础上，专业的职业咨询师可以帮助每一个高职生个体确定其具体的职业性格类型，如"RIE"型等，最终实现对高职生职业偏好的聚焦，改变其先前的职业偏好的随机性、发散性的状况。

高职生个体具体的职业性格类型（例如"RIE"）确定下来以后，他（她）的职业偏好便被聚焦，聚焦于该职业性格类型所对应的适宜从事的职业领域。这种职业性格类型（例如"RIE"）所对应的职业领域较多，如前文所述它包括航空工程、建筑和桥梁工程以及电力工程等。究竟个人更适合哪种职业领域，还需要其本人在条件许可的情况下，尽可能在实践中去体验这些职业领域对应的岗位，以便于最终作出职业岗位的抉择。这项职业性格评估工作在新生入学早期开展较为合适，当发现某个高职生的职业性格与专业学习所关涉的目标岗位存在极大冲突时，从有利于高职生个体职业生涯发展考量，需要由职业性格测试专业人员为其提出今后的从业建议，提供若干高职生个体适宜从事的职业供其自主选择，如果学校允许的话高职生可以在校内进行所修专业的二次调整。

职业偏好认知指向个人的个性特征、职业兴趣与偏好是否与目标岗位的职业属性相协调、相适应。因此，高职生要分析自身的个性特征，具备哪种类型的人格品质。同时，高职生还要研修一些经典的职业选择和职业抱负的理论，以便使自身能够站在一定的理论高度来审视自己所宜从事的职业。特别是，当自身的个性特征、人格品质和职业兴趣及偏好与自身所欲从事职业或岗位属性要求不协调、不适应时，他们将面临两种选择：消极的选择和积极的选择。所谓消极的选择就是，主动放弃当下的职业或岗位追求，去寻找下一个目标；所谓积极的选择就是，进行自我个性特征和人格品质的再塑造，以适应所欲从事的那个职业或岗位属性的根本要求。

三、职业岗位体验

职业岗位体验是指结合个体的职业性格测量结果，高职生对由专业人员提供的若干目标职业的"备选项"，秉持积极的"岗位责任者"主体态度，分别担任多种角色、多环节、全场景、深度参与到目标岗位的日常工作流程之中。如前文所述，高职生个体职业性格类型一旦测定（例如是"RIE"型。如果是其他类型，也可以做相似的后续处理），就可以提供或创造条件，让其在"RIE"型所对应的职业领域逐一挑选不同的职业岗位，进行全面而有深度的职业岗位体验。"RIE"型所对应的职业岗位较多，包括航空工程、建筑和桥梁工程等，此时就可以让高职生个体根据个人喜好和自身职业素养，从中挑选出一些职业领域或职业岗位，进行职业岗位体验，为其后续的职业生涯发展奠定较好理论与实践基础。

职业岗位体验指向"我能采用哪些方式检验自身的个性特征、职业兴趣、偏好与若干目标岗位职业属性的适应性状？"在高职生的职业价值观教育过程中，我们还要给予他们关于个性特征与职业属性相适应的检验方法和实践途径。高职生个性特征与职业属性在理论层面的适应效果还需要在实践中得到检验。任何一种职业属性与个性特征相适应的理论模型，都存在自身的局限性。个性特征的复杂性和职业属性的多重性，决定了这些理论存在自身难以逾越的困境。高职生只有把自身的个性特征、人格品质和职业兴趣及偏好与职业属性的适应性程度置于职业实践之中进行检验，才有可能得到较为准确的答案。高职生要全面而深入地体验目标岗位与自身职业个性特征的匹配程度，并从中作出适合自身性格特征的职业岗位的选择。高职生在这种基于体验之后进行选择时，对于求职就业者而言，还要关注晋升知觉、组织结构考察、组织制度考察；对于创业者而言，在职业属性层面还要关注组织结构预设、团队建构与重组、组织制度构建等。

高职院校要尽量创造条件有针对性地让高职生体验各种职业，为他们提供多种实践活动的平台和机会。比如可以组织各种主题的体验教育课程

（包括职业规划体验、职业决策体验和创新创业体验等）；可以提供一些学校的岗位供高职生勤工俭学，这样做一方面能帮助他们减轻经济负担，另一方面在此过程中高职生可以获得对自我、职业以及具体岗位的新认知；也可以提供学生干部等岗位以锻炼高职生在未来职场上所需要的能力；还可以提供多种形式的活动或竞赛让高职生都参与进来，让他们在参与过程中更好地发现自己的"优势智能"，寻找适合发挥自己所长的岗位。学校要提供多种形式的实训以帮助高职生更好地了解自己将要从事的职业。学校要尽量多给高职生提供实习和见习的机会，比如可以积极寻找一些与学校专业相关的单位合作，介绍高职生利用课余时间或寒暑假去兼职；可以在教学的实践环节带领高职生去企业参观或直接参与工作等。学校还要提供创新创业的实践机会供高职生尝试，比如一些大学生创业孵化基地提供免费的场地和部分资金支持高职生创新创业。父母或亲朋好友也可以给高职生介绍一些职业或岗位的体验机会。家庭要通过调整教养方式，营造和谐家庭氛围，在潜移默化中引导高职生作出适合自己的选择。社会要尽可能地为高职生提供就业和创业的体验机会，在此过程中发现人才和留住人才。比如我们学习德国探索建立"双元制"职业教育培养模式，企业积极参与高职生的培养，为高职生提供尽可能多的体验机会。

第三节　互动氛围营造

当前高职生职业价值观表现出单向度的价值投射，以自我为中心，把职业岗位和工作团队视为"职业需要"实现的手段，而没有意识到自身也是工作团队实现"组织价值"的手段，没有形成双向度的价值投射，这反映在高职生职业价值观量表上，最直接的表现便是事先构想的团队维护维度的消匿。开展高职生职业价值观相关教育活动不能仅从单向度价值投射出发，而是要从双向度价值投射出发，进行高职生职场互动氛围的积极营造教育。这里所谓"互动"是指以目标岗位工作或目标职业活动为中介，个体与目标职业团队成员共同开展的有效的职业交往活动，这种职业交往活动需要岗位主体把人与人、人与物、人与时空、人与法律和道德、人与规章制度等多种相关因素统合起来，融为有机的统一体。这里笔者尝试从职业精神培养、国家政策引导和组织文化同构等方面探讨如何营造互动氛围。

一、职业精神培养

职业精神培养是指以"需要"为逻辑支点，在分析个体需要和社会需要的辩证关系，以及个体需要的社会制约性的基础上，以社会主义职业精神为核心内容，考察个体在具体职业岗位或在系列化的岗位链上的职业精神培养存续样态。

厘清"需要"教育的价值内涵，锚定高职生职业精神培养的"逻辑支点"。"需要"是推动人类社会发展的持续动力。思想政治教育工作者在开展教育教学活动时，首先要认可他们"个体需要"的合理性，同时也要深入浅出地分析"个体需要"和"社会需要"的辩证关系，以及"个体需要"的社会制约性，以高职生的切身体会或身边同学身上发生的活生生的"需要"事件，运用马克思的需要理论和人的全面发展思想，帮助高职生分析"个体需要"的上升规律及其"合目的性与合规律性相统一"的内在逻辑。由此表明，个人的职业理想远大、职业抱负宏伟本无可厚非，但要考虑到当下自身主观条件和外部客观条件，需要脚踏实地，合理地定位"个体需要"的现实起点，但又时刻不忘"人类的幸福和我们自身的完美"这一职业抱负的初心，奋发图强、继续前进，在前进的道路上不断实现和提升"个体的需要"。

以"需要"的价值实现为主线，贯穿职业精神培养视域的高职生职业价值观教育的全过程。高职生的职业精神培养是一个"多主体""全场景""潜成效"的系统化的教育实践过程。这里的"多主体"是指职业价值观教育除了高职生是教育主体以外，其主体还包括思想政治理论课教师、辅导员、党群工作者、职业指导教师、专业课教师等，需要全员参与，全员尽责，而不能仅仅看成是思想政治理论课教师和辅导员的工作职责。"全场景"是指高职生的职业精神培养是全方位的教育，不论高职生身处哪个"时空"，那个时空便可以成为职业精神培养的"时空"，而且高职生的意识和观念有可能指向哪个"时空"（包括现实的时空或虚拟的时空），那个时空也可能成为高职生职业精神培养的"时空"。"潜成效"是指高职生的职业精神培养需要一个相对较为漫长的过程，这个漫长过程包括职业道德的认知、理解、认可、反复、修正、内化的多次循环过程。因此，职业精神培养的实际成效，很难快速显现出来，往往只是以"某种阶段性成果"的方式，潜存于高职生的内在价值系统之中。这就要求"多主体"中的各方都要以"个体需要"和"社会需要"的价值实现规律为根本指导原则，以活生生的"需要"的实现事件为对话主题，通过主体之间的价值对话，在"全场景""潜成效"的职业精神培养实践之中，经历"反复"与"修正"环节以后，逐步认知、理解、认可并将其内化为自身的职业精神。

　　考察"需要"得以实现的"互动统合"特征，诠释职业精神在具体职业岗位的"存续规范"。因为不同的职业岗位有着相对具体的、不同的"内隐价值追求"，从而也具有相对独立、"此在"的"外显操行规范"（如教师岗位与医生岗位）。这里以敬业为例，从横向来说，这个作为具有不同职业普适性的"敬业"，在各个具体职业和具体岗位中的职业精神的"内在规定"和"外在表现"存在差异；从纵向来说，这个作为具有职业普适性的职业精神在某个具体岗位上的"内在规定"和"外在表现"在保持职业精神"合理内核"不变的条件下，还呈现出历史时空的"流变性"，反映出该具体岗位的历史时空的"存续规范"。例如，就教师这一岗位的纵向发展变化来说，随着教育技术和教育理论的变化发展，社会对于教师"敬业"的内在"观念规定"和外在"操行表现"的要求也会发生相应的变化，医生等其他职业亦可同理言之。不仅如此，即使是作为具有不同职业普适性的职业精神，也还具有支撑个体职业道德发展水平的"内在自为"的本真目的的层次性问题。例如，一个人可能是因为"谋生"的本真目的而"敬业"，可能是因为"地位"的本真目的而"敬业"，可能是因为"兴趣"的本真目的而"敬业"，也可能是因为"责任"的本真目的而"敬业"，还可能是因为"自我实现"的本真目的而"敬业"等。如果人们还没有完全把自身赖以生存的社会中那些不那么"敬业"的从业者从岗位驱离，那么又有什么理由要把那些仅以谋生、地位或兴趣作为自身本真目的而"敬业"的从业者从他们的岗位驱离呢？因此，从"需要"得以实现的"互动统合"视角出发，职业精神的"职业岗位间的差异""职业岗位流变的存续规范"和"个体本真目的层次性差异"，可能往往具有"此在"的合理性。这可以从"互动的目的性""互动的实践性"和"互动的实效性"等逻辑层面加以检视。为行文"简赅"起见，这里还以"敬业"为例。就互动的目的性而言，无论是基于谋生、地位或兴趣中的哪种本真目的，敬业只是其当下职业精神"此在"的现象表征。如果先在的"合理需要"得以满足，伴随"合理需要"的上升，"敬业"的本真目的也由谋生、地位或兴趣指向终极的本真目的——"人类的幸福和我们自身的完美"，那么就可以说当下本真目的支撑的"敬业"与终极本真目的支撑的"敬业"，二者的目标是趋同一致的，只是还要结合具体的主客观条件，考察当下目标对于终极目标的优化程度。就互动的实践性而言，要在实践环节考察高职生"敬业"的"此在"表达，就需要关注教育教学过程中的实践环节是否能够给他们提供充足的角色扮演机会、丰富的实践内涵、高仿真的实践情境、同其他主体实践交往的融合程度，以及在潜移默化中他们对于"敬业"的体验内化程度。就"互动的实效性"而言，还要考察高职生在实践情境中与其他相关主体通过价值对话，所实现的"敬业"的阶段性目标与预期的阶段性目标的一致性程度，以及当下所实现的"敬业"的阶段性目标与终极目标的趋同性程度，进而考量在实践环节高职生对于"敬业"的体验和收获的满意程度。

高职院校可以以"敬业精神"为核心，加强职业精神培养。"敬业精神"是社会主义核心价值观中"敬业"这一价值准则的集中体现，是高职生职业精神的核心。职业精神还包括勤勉精神、工匠精神、团队精神和创新精神等。勤勉精神是指认可劳动光荣，对工作兢兢业业，勤劳不懈；工匠精神是指坚信技能宝贵，刻苦钻研，精雕细琢，追求精益求精；团队精神是指崇尚集体力量，具有大局观念与合作意识，乐于协作，甘于奉献；创新精神是指勇于探索，锐意进取，乐于变革。我们可以结合高职院校的特点和高职生的实际，努力寻找培养高职生职业精神的路径和措施，把职业精神内化于心，外化于行，培养高职生的合作意识、职业忠诚意识、规范意识及个人归属感、集体荣誉感、社会责任感等。

（一）高职院校培养职业精神的条件

1. 思想政治理论课教师要爱岗敬业、更新教学观念，根据学生实际，改进教学内容与方法，具有改革创新的勇气、担当和能力

要想在高职院校进行职业精神的培养，首先，思想政治理论课教师要爱岗敬业、率先垂范。习近平总书记强调："高校教师要坚持教育者先受教育，努力成为先进思想文化的传播者、党执政的坚定支持者，更好担起学生健康成长指导者和引路人的责任。"①思想政治理论课教师更要有坚定的马克思主义信仰，要做到"真学真懂真信真用"马克思主义理论，勤奋努力、坚持不懈、精益求精，努力做一名优秀的思想政治理论课教师，潜移默化地影响高职生。其次，思想政治理论课教师要"围绕学生、关照学生、服务学生"，要善于发现高职生的优点，包容高职生的不足，即便有时由于自身的经验和能力等条件的限制，对某些学生感到无能为力了，也不要放弃，真情陪伴、耐心等待，始终抱有希望和期待，这不仅是可以做到的，而且是最好最有用的选择。最后，思想政治理论课教师要"因事而化、因时而进、因势而新"。思想政治理论课教师要以中国特色社会主义伟大事业作为教育和感化高职生的根本出发点，要与时俱进，更新教学观念，改进教学内容与方法，具有改革创新的勇气、担当和能力。思想政治理论课教师要打破固化的"好学生"评价标准，打破"老师一言堂"的单一教学模式，打破"卷面考试"的单一评价模式，针对高职生的特点不断地更新教学内容，努力改进教学方法，引导高职生不断走向自尊自信、自律自强。

---

① 习近平谈治国理政：第2卷[M].北京：外文出版社，2017：379.

2. 思想政治理论课教师要与其他思想政治工作队伍建立良好的协作关系

要想在高职院校思想政治理论课教学中进行职业精神的培养，思想政治理论课教师还要有与其他各科教师精诚合作，共同培育高职生的团队精神。思想政治理论课教师可以与其他哲学社会科学课教师协作，协同培育高职生的文化素养；可以与辅导员协作，参与高职生的日常事务管理；可以与就业指导教师协作，指导高职生的职业生涯规划；可以与专业课教师协作，担任高职生的思想指导教师；可以与心理健康教师协作，了解高职生的心理动态；可以与党团组织的负责人协作，积极参与形式多样的学生活动；还可以与实习单位的指导教师协作，参与高职生职业精神的培育。总之，思想政治理论课教师要努力探索"协同"新途径，尽力使各类课程与思想政治理论课同向同行，形成协同效应。

（二）高职院校培养职业精神的路径

1. 第一课堂：在课堂教学中以职业精神的培养为主线

在高职院校思想政治理论课教学中进行职业精神的培养，并不是以职业精神代替思想政治理论课的课程内容，而是要以职业精神为主线，把职业精神贯穿于教材和教学中。根据对高职院校的调查和多年的实践经验，笔者发现：部分高职生随意性多于规范性，波动性多于稳定性，没有良好的学习和生活习惯，这直接影响他们职业精神的培养与未来的发展，因此高职生职业精神的培养要从小事做起。这需要思想政治理论课教师与其他教师有足够的耐心和爱心来启发和引导高职生认识到自身存在的坏习惯和希望养成的好习惯，制订习惯养成计划，建立相互监督机制；营造形成好习惯的外在环境，及时干预和改造坏习惯形成的外在环境；采取各种方式鼓励高职生在坚持上下功夫。具体到思政课课堂中，在思想政治理论课绪论部分的教学中教师可以帮助高职生在认识和分析自我的基础上，把自己希望培养的好习惯和渴望克服的坏习惯以及习惯养成计划写下来，同时还要与其他教师协作，督促他们在日常学习和生活中落实这些计划。比如，可以积极参与院系的寝室设计大赛，指导学生从宿舍做起，从小事做起，从自身做起，与同学一起辛勤劳动，勇于创新，营造良好的寝室文化氛围，这一过程可以不断增强高职生的个人归属感与集体荣誉感。思想政治理论课教师在授课过程中，还可以运用"创新一刻"、话题讨论、案例教学等教学方法来提升教学效果。如在每次课上可以留15分钟左右的时间开展"创新一刻"活动来培养高职生的创新思维，可以让学生制作创意视频来播放，也可以围绕一个有争议的话题各抒己见。在适应教育中可以进行话题讨论：在适应大学生活的过程中遇到了哪些困难？这些困难该如何解决？通过讨论帮助高职生理解：要努力实现从中学生到大学生再到职业人角色的转换与适应。在思想教育中，思想政治理论课教师可以结合历史上著名的能工巧匠的故事、大国工匠里各位不同岗位劳动者的事迹、中国大能手比赛中选手的经历、优秀毕业生的成长之路和在校生的先进事例等，引导高职生学习他们坚持不懈的勤勉精神、精益求精的工匠精神、精诚合作的团队精神和推陈出新的创新精神等，努力成为德、智、体、美、劳全面发展的技术技能人才。在道德教育中，思想政治理论课教师可以结合高职院校的模范人物的故事，引导高职生学习他们吃苦耐劳、工作积极、职业忠于职守和乐于奉献的精神，帮助高职生树立正确的择业观与创业观，培养他们的合作意识、职业忠诚意识和社会责任感。在法治教育中，思想政治理论课教师可以结合与高职生密切相关的经典案例培养高职生的规范意识，帮助他们学会合理行使相关法律权利和履行法律义务。另外，还可以邀请地方党政领导干部、企事业单位负责人、社科理论界专家、各行业先进模范、名师大家和专业课骨干教师以及日常思想政治教育骨干教师等兼职队伍为高职生呈现精彩一课。

2. 第二课堂：在实践教学中坚持技能训练和职业精神培养并重

在进行实践教学时，教师可以采用体验式、访谈式、参观式、竞赛式、调查式和模拟式等形式进行。比如，教师可以组织高职生参加精心设计好的团队游戏、小品表演、戏剧演出或拓展训练等，可以组织新生与高年级学生、毕业生座谈或开展其他方式的交流，可以组织高职生参观校内外实践基地，可以组织高职生开展劳动竞赛、法律知识竞赛或辩论赛等，可以组织高职生去招聘会现场或企业开展调查，也可以组织高职生开展模拟招聘会或模拟法庭活动等。高职院校实践教学要注重实训和实习这两个重要环节。思想政治理论课教师可以与专业课教师、从事学生管理工作的教师协作并兼任实训指导教师。现在很多高职院校的校园实训由专业课教师指导，比较注重技能训练，虽然有时也有职业精神的教育但不够系统和专业。这往往会导致一些高职生不愿意坚持实训，更不可能高质量地完成实训，这需要指导教师及时教育引导。在参与实训指导的过程中，思想政治理论课教师可以引导和启发高职生有意识地体验和感悟职业精神对职业技能形成的影响，可以尝试与专业课教师、从事学生管理工作的教师一起组织实训标兵评选活动，为那些在实训中吃苦耐劳、精益求精的学生颁发荣誉证书，从而提升高职生的自信，形成一个积极向上的良好氛围。思想政治理论课教师还可以兼任高职生的实习指导教师，参与实习成绩、实习鉴定的评价。现在很多高职院校的实习是由专业课教师带队指导，根据用人单位的信息反馈，不少高职生不是专业技能不够，而是职业精神缺乏，跳槽的事情时有发生，专业课教师对此也深感无能为力，这就需要思想政治理论课教师参与思想引导工作。思想政治理论课教师可以组织高职生交流与分享实习的感受与体验，引导高职生相互比较、及时反思和总结，帮助高职生提升对企业文化、企业制度和职业操守等的理解和认识，在此基础上引导高职生把个人的奋斗目标具体化、阶段化，争取与单位的团队目标协调一致，在这一过程中不断提升自己，逐步实现自己的理想。

3. 第三课堂：在网络教学中潜移默化地渗透职业精神

在进行网络教学时，教师要积极利用各类新媒体、新技术努力使思想政治理论课活起来，比如可以尝试开设大规模在线开放课程和网络精品资源共享课程，也可以探索利用微博、微信、微视频、客户端等新媒体加强对大国工匠、能工巧匠和优秀校友等人物事迹和典型案例的宣传推送。结合高职院校的实际和高职生的特点，在设计课程网站时，可以设计在线问卷调查，及时了解高职生的思想状况；可以制作一些宣传高职院校敬业模范的动画短片，以引起高职生的精神共鸣；可以设计一些寓知识性与趣味性于一体的职业领域的闯关游戏，以吸引高职生的兴趣；可以在网络平台上设置专栏，展示高职生的劳动成绩和创新成果，以增强高职生的自信；可以在课程网站上设置一些讨论区，让高职生可以针对关注的话题展开讨论，以激发高职生的热情；可以开通在线交流平台，方便教师、在校生及毕业生之间分享心得体会。另外，思想政治理论课教师还可以利用微信、微博等方式关注高职生的思想动态，加强与高职生、高职生家长以及其他教师之间的互动交流，多角度、全方位地影响高职生。

(三)高职院校培养职业精神的实施

1. 找到职业精神与思想政治理论课教学内容的连接点

《思想道德与法治》的教学内容主要由适应教育、思想教育、道德教育和法治教育四大模块组成，每个模块都可以体现职业精神的培养。例如，适应教育的适应不仅仅包括由中学生到大学生的角色转换与适应，而且也包括从学生到具有一定的职业精神的职业人的角色转换与适应。人生观教育以理想信念教育为导向与核心，高职生应该树立的人生理想就是要成长为具有高超职业技能和高尚职业精神的技能型人才，没有勤勉精神和工匠精神的内在力量，就很难训练出高超的职业技能，心态决定状态，态度决定高度。价值观教育突出劳动价值、技能价值、创造价值的教育。道德教育表现在公私关系上，就是应以爱国主义教育为统领，把爱国主义教育落实、落细、落小，落实为爱职业、爱岗位、忠诚企业、忠于职守的教育，这也是弘扬我国传统美德的主要体现。道德教育在人我关系上，要突出职业活动中的团队意识、协作意识、大局意识，以产出超越于个人的"集体力"。法治教育则要引导学生正确理解包括职业活动在内的整个社会生活中权利与义务的关系，增强法纪观念，做一个知法、守法、用法的职业人和公民。

2. 建立思想政治理论课教师与专业课教师、实习单位指导教师、辅导员协作机制和信息沟通平台

思想政治理论课教师应兼任实训和实习的指导教师，参与对学生实训和实习成绩的评价。实习鉴定表上应有职业精神或职业道德表现的栏目，由实习单位指导教师、专业课教师、辅导员与思想政治理论课教师沟通后填写并共同签名。专业课教师、辅导员与思想政治理论课教师对高职生提交的企业发展调研报告进行修改整理后提交给实习单位的指导教师。这需要建立网上网下的信息沟通交流的平台与互动机制。可以尝试建立思想政治理论课教育教学研究网，在网站上专门设立实训实习交流平台；也可以建立QQ群和微信群等，方便交流与沟通；还可以组织实习单位指导教师、专业教师、辅导员与思想政治理论课教师面谈。当然想做好这些工作离不开学校层面的制度设计，比如学校要出台相应的管理办法和实施细则，努力调动相关人员的积极性。

（四）高职生职业精神培养中值得注意的几个问题

第一，高职生职业精神的培养是一个系统工程，需要全员投入，形成教育合力。在思想政治理论课教学中注重高职生职业精神的培养是一个积极的改革尝试，要想取得实效，需要学校领导和各个方面的支持和配合，思想政治理论课教师应该发挥自己的主观能动性，积极地争取各方面的支持，既积极作为，又实事求是，尽力而为，量力而行，在自己的职责和能力范围内，作出自己最大的努力。从长远看，这一改革尝试是有意义的，对此应有足够的自信，但不可能一蹴而就，不能急于求成。从策略上看，如果是学校行为，把职业精神的培养纳入整个"技能型人才"培养方案中，是最佳选择，是上策；如果是思政部或教研室的集体行为，把职业精神的培养融入思政课教学，也不错，是中策；如果上述均不可行，则属于思想政治理论课教师的个人行为，虽不如上策和中策，但协调的成本低，自由度比较大，具有更大的可行性和普遍性。

第二，帮助高职生建立自信，是职业精神培养乃至整个人才培养的前

提。思想政治理论课教师要结合教材中心理健康教育的内容，在适应教育中发挥自己的思想理论优势，配合辅导员等积极介入高职生的"四自"（自尊、自爱、自立、自强）教育。同时，职业精神的培养，特别是"劳动光荣、技能宝贵、创造伟大"的思想又是帮助高职生建立自信的一剂"精神良方"。

第三，摆正位置，明确职责，发挥优势，重点突破。在高职生职业精神的培育过程中，既要突出思想政治理论课主渠道的优势，也要弥补思想政治理论课的局限性，要把思想政治理论课作为整个教育大系统的一个部分，不能过分夸大。思想政治理论课是理论知识的教育，主要解决思想认识和价值观念问题，是一对多的教育。高职生职业精神的培育离不开党团活动和实习实训等方面的实践教育，离不开辅导员或班主任的个别教育，也离不开其他课程的渗透教育。思想政治理论课教师要和其他思想政治工作队伍的教职员工密切配合，要将理论和实际相结合，要把思想认识和价值观念与行为实践相结合，引导学生用职业精神指导行为实践，又在实践中巩固和强化职业精神。

二、国家政策引导

高职生在毕业以后走上工作岗位时，他们中的一部分人对待工作的态度往往以"谋生"为根本要务，缺乏工作激情和对更高层次的职业生涯发展的追求。要想帮助高职生走出困境，从宏观层面上来说，可以学习德国职业教育的成功经验，加快完善职业教育的法律体系，加大对职业教育重要性的宣传力度，营造重视职业教育的良好社会氛围。从微观层面上来说，高职院校要在高职生大一入学初期开展关于职业教育发展的国家政策解读的主题教育活动，要帮助他们树立"职业教育大有可为，也应当大有作为"的坚定信念，引导他们积极弘扬"劳动光荣、技能宝贵、创造伟大"的时代风尚。国家要下大力气"建立健全党和政府主导的维护群众权益机制，……完善制度，排除阻碍劳动者参与发展、分享发展成果的障碍，努力让劳动者实现体面劳动、全面发展"[1]。国家还就职业教育体系建设作出顶层设计，在"完善职业教育人才多样化成长渠道"的同时还要"加强职业教育与普通教育沟通，为学生多样化选择、多路径成才搭建'立交桥'"[2]。同时，从中央政府到各级地方政府还出台了一系列的政策措施鼓励大学生创新、创业，"大众创业、万众创新""人人渴望成才、人人努力成才、人人皆可成才、人人尽展其才"[3]正蔚然成风。总之，高职生要自尊、自爱、自立、自强，社会赋予了新时代高职生更多的创新、创业的历史机遇，同时也带来了相对应的创新、创业的"现实挑战"，但我们始终要坚信每个人都有人生出彩的机会。我们要帮助高职生了解当代职业变革，找到自己特殊的、主要的、始终不渝的一直坚持的兴趣，并以此为突破口，逐步引导他们树立短期目标、中期目标和长期目标，特别注意要帮助高职生树立一个非常有可能实现的短期目标，引导他们在实现目标的过程中慢慢找回自信，为形成良好的职业互动氛围打下基础。

三、组织文化同构

这里组织文化同构是指以"需要"为逻辑支点，在分析"个体需要"和"社会需要"的辩证关系及"个体需要"的社会制约性的基础上，以个体与目标团队就"组织文化"进行价值对话为"核心内容"，考察个体与某个具体职业团队之间或与系列化"团队链"上的某些具体团队之间所建构的"组织文化同构"存续样态。

（一）厘清"需要"教育的价值内涵,锚定高职生同构教育的"逻辑支点"

在深入浅出地分析"个体需要"和"社会需要"的辩证关系以及"个

---

① 习近平谈治国理政:第2卷[M].北京:外文出版社,2017:364.

② 国务院.关于加快发展现代职业教育的决定:国发［2014］19号[A/OL].(2014-06-22)[2023-07-28].https://www.gov.cn/zhengce/content/2014-06/22/content_8901.htm.

③ 习近平谈治国理政:第2卷[M].北京:外文出版社,2017:41.

体需要"的社会制约性的基础上，以社会主义核心价值观和职业道德规范为评判的价值尺度，帮助高职生重点考察目标团队的社会规范性、形成和运行机制的外溢效应，即组织文化对于其他社会团体、组织和个人的影响程度。

（二）以"需要"的价值实现为主线，贯穿组织文化同构视域中高职生职业价值观教育全过程

通常认为，个体关于"组织文化"的认知结构与外在于自身的组织文化的"此在"样态，存在两种应答方式：同化和逆变。所谓同化是指，高职生个体依据社会主义核心价值观和职业道德规范为"评判尺度"，把组织文化中那些"合理内核"直接消化吸收为自己所用的应答方式。所谓逆变是指，高职生个体依据社会主义核心价值观和职业道德规范为"评判尺度"，对组织文化中那些"反变内涵"加以阻滞和消解，并植入自身关于组织文化能动性改造的一种应答方式。要在深入浅出地分析"个体需要"和"社会需要"的辩证关系以及"个体需要"的社会制约性的基础上，对高职生关于组织文化的两种应答方式——"同化"和"逆变"的意识、能力和实现路径进行建构，并给予具体的和有针对性的培训。

（三）考察"需要"得以实现的"互动统合"特征，诠释组织文化同构在具体组织文化氛围的"存续规范"

组织文化具有职业岗位间的差异、职业岗位流变的存续规范和个体本真目的层次性差异。因此，从"需要"得以实现的"互动统合"视角出发，组织文化的职业岗位间的差异、职业岗位流变的存续规范和个体本真目的层次性差异，往往也具有"此在"的合理性。它可以从"互动的目的性""互动的实践性""互动的实效性"等逻辑层面加以检视。这里以"亲诚惠融"的组织文化为例加以分析。就"互动的目的性"而言，无论是基于生存、地位或趣旨中的哪种本真目的，其"亲诚惠融"只是其当下组织文化"此在"的现象表征。如果其先在的"合理需要"得以满足，伴随其

"合理需要"的上升，其"组织文化"的本真目的也由生存、地位或趣旨指向终极的本真目的——人类的幸福和我们自身的完美，那么就可以说其当下的本真目的和终极本真目的支撑"亲诚惠融"，二者的目标是趋同一致的，只是还要结合具体的主客观条件，考察当下目标对于终极目标的优化程度。就"互动的实践性"而言，要在实践环节考察高职生"亲诚惠融"的"此在"表达，就需要关注高职生所赖以维系的实践环节是否能够给他们提供充足的角色扮演机会、丰富的实践内涵、高仿真的实践情境、同其他主体实践交往的融合程度，以及在潜移默化中他们对于"亲诚惠融"的体验内化程度。就"互动的实效性"而言，还要考察高职生在实践情境中与其他相关主体通过价值对话所实现的"亲诚惠融"的阶段性目标与预期的阶段性目标的一致性程度，以及当下所实现的"亲诚惠融"的阶段性目标与终极目标的趋同性程度，进而考量在实践环节高职生对于"亲诚惠融"的体验和收获的满意程度。

为此，高职院校要努力让组织文化进校园。高职院校可以联系历届校友，搜集他们的成长经历和所在单位的文化，编写学校的特色教材，开设相关课程、相关讲座、相关活动。可把显性和隐性两种方式结合起来，围绕多个主题，比如"我心中的企业价值观念""我心中的组织制度设计""我心中的组织道德建设"等，组织高职生开展文化演讲比赛、文化征文比赛、文化设计大赛等，可以利用校园招聘的机会引导学生参加企业的校园宣讲会，还可以在校园多处张贴企业制度、企业理念以及其他宣传标语潜移默化地影响学生。高职院校要通过多种举措帮助高职生尽快了解组织文化，以更好地选择单位和适应单位，争取做到与单位亲诚惠融，互惠互利，减少频繁跳槽对双方的不利影响。

从互动视角来讨论高职生职业价值观教育，还需要直面三个层面的逻辑议题，即互动目的性所指、互动实践性所能、互动实效性所得。

"目的"是主体行动的指针。聚焦"互动的目的性"需要关注两个问题：一是目标一致度，二是目标优化度。所谓目标一致度是指现实目标与终极目标的一致性程度。就应然而言，作为职业个体的高职生与其拟加盟职业团队，二者的终极职业价值观是相统一的，都旨归于人类的幸福和自身的完美；但就实然而言，由于劳动的异化而导致需要的异化，二者的序列化的、阶段性的职业价值观的建构极大可能存在非同步性，有时甚至存在冲突。因此，对高职生职业价值观本真靶的——目标指向性进行统合教育是完全必要的。我们要秉持人类的幸福和自身的完美的终极职业价值追求，并以此消解冲突性、融合非同步性、催生契合性，以逐步实现互动目的性的聚焦。所谓目标优化度是指序列化的职业价值观目标设计的可行性、合理性的程度，以及这个序列化目标对终极价值目标逼近的速度。诚然，职业个体或团队对终极职业价值观的追求，都是通过一个又一个序列化的具体目标的实现而逐步逼近的。职业个体或团队一方面要设计自身当下的、近期的职业价值具体目标，另一方面还要设计自身中长期的职业价值具体目标。无论是设计当下的、近期的职业价值具体目标，还是设计中长期的职业价值具体目标，都要从互动统合视角审视自身所设计的目标在理论与实践层面的可行性，以及在历史与逻辑层面的合理性。更进一步，还要关注自身所设计的序列化目标对终极目标的逼近速度。这一逼近速度要科学、适度，既不能过于迟缓而贻误时机，也不能过于急促而拔苗助长，要秉持"适度从紧"的速度追求理念，在日益实现"人类的幸福"的同时，逐步实现"自身的完美"。

"实践"是主体目的实现的有效中介。要在情境或观念层面，对高职生进行互动实践的先验建构与感知体验。这种互动实践的建构指向既是静态的，又是动态的；既是现实的，又是发展的。要建构"互动的实践性"需关注四个层面的问题：一是实践丰富度，二是情境仿真度，三是交往融合度，四是体验内化度。所谓实践丰富度是指职业价值观互动统合的实践中介要充足和丰富。一是实践中介的形式要丰富、多样，二是实践中介的利用要充足、有效。既可以采用现场直接互动，也可以采用远程媒介互动；既可以采用模拟招聘互动，也可以采用岗位见习互动；既可以采用工作规程互动，也可以采用组织文化互动。总之，职业价值观互动统合的实践中介要尽可能的多样化、流程化、全景化，这样才有可能充分实现双方价值互动的对象性、有效性和全面性。所谓情境仿真度是指无论采用哪种价值互动统合的实践，中介的实践情境都要尽可能地与真实的情境相一致。情境仿真度越高，双方价值互动对话的效果就越好，互动对话的成果就越可靠。不仅是模拟情境互动，而且是团队见习互动，互动双方特别是面临求职语境的高职生，不能以模拟或见习为借口敷衍了事，而要以真实情境或真正团队成员为规准，充分参与对话的全过程，全身心地投入互动对话的各个场景、各个环节，以丰富和发展自身职业价值观合理内核。所谓交往融合度是指在职场招聘、岗位见习、工作流程、组织文化等互动环节，互动双方进行职业价值对话的参与和融入程度。只有存在双向的职业价值对话和职业价值建构，才可能是具有较高融合度的职业价值交往。所谓体验内化度是指在职业价值对话、交流与价值建构的过程中，互动双方把各自所认知和体验到的源源不断的职业价值信息流，内化到自身职业价值观的有效程度。越是全身心地投入，越是能深层次地体验，越可能催生高效的职业价值体验的内化度。同时，高职生职业价值观教育要关注社会结构的制约要素，分析社会既有结构的支持因素和阻碍因素，既要尽可能地列举出社会结构中的正面清单，又要列举出社会结构中的负面清单，以便高职生较为合理地设计出自身实现职业需要互动统合的优化路径。但是在职业实践活动领域，信息流和社会资源空间瞬息万变，所预设的职业需要实现路径很可能与新生成的社会结构有所冲突，这样高职生将不得不面临退却或妥协的抉择。退却是为了找寻下一个实现自身职业需要的中介，这在社会就业压力日益增大的现实语境下，无疑困难重重。因此，学会妥协很可能是一种更为明智的选择。这种职业需要实现的妥协要建立在与自身的终极价值追求不存在不可调和的矛盾的基础上，所存在的可能只是职业需要实现条件的局部矛盾或阶段性矛盾，也可能只是职业需要实现重新选择哪一条路径的矛盾。这种妥协应该能够调和"追逐需要"与"节制需要"的矛盾、"现实满足"与"延迟满足"的矛盾、"部分价值意向的充分满足"与"部分价值意向的非充分满足"的矛盾。我们要学会驾驭职业交往和职业谈判的基本技能，在妥协中求进步，在妥协中求发展。

　　理想的"实效"是主体"目的"与"实践"趋向统一的对象化产物。高职生职业价值观教育能否实现"目的"与"实践"理想的对象化统一，还需要对互动统合的实效性进行科学评估。要评估互动的实效性需关注三个层面的问题：一是目标达成度，二是中介契合度，三是效果满意度。所谓目标达成度是指在职业价值对话与交流过程中，互动双方需要关注各自所预设的各个价值目标是否得到实现，以及得到实现的程度。在职业价值互动和交往的过程中，互动双方都不能仅仅以预设的先在目标为根本标的，而是要在互动过程中充分发掘那些合理的生成性的职业价值目标，以丰富和发展自身的职业价值目标体系。所谓中介契合度是指反映现实的、阶段性的职业价值目标中介与反映终极价值目标中介的契合性程度。为此，在职业价值对话与交流的过程中，要充分研判互动双方的互动时机、互动情境、互动方式和互动环节等是否科学合理，是否与终极价值目标追求相协调，其所内含的职业价值追求是否与终极价值目标趋向统一。所谓效果满意度是指互动双方对价值互动实效和互动成果的认知与情感体验的满意程度。在职业价值对话与交流的过程中，互动双方既要关注和修正预设性价值目标，也要留意和建构生成性价值目标；既要关注既有的职业价值实现路径和策略，也要关注新发掘的价值实现路径和策略；既要关注先在预设的价值互动成果，也要留意和搜集价值互动的意外附加成果；既要秉持对终极价值目标追求的信仰，也要学会对当下价值目标追求适时适度地进行"妥协"中的"扬弃"。

　　以上主要是从通识性视角探讨高职生职业价值观的教育问题。研究表明：社会显性价值观包括职业社会评价、明星光环效应以及朋辈价值取向；家庭职业感知与互动包括父母职业认识、父母职业情感、互动交流次数等；学校职业价值观教育状况主要包括普通中小学关于职业教育的相关课程、高职院校关于职业教育的课程建设以及高职院校思想政治教育工作者队伍建设等；个人职业价值自我认知包括个体的现实职业方位感、个体自我实现路径设计、个体的职业经历等都是会对高职生职业价值观产生影响的重要因素。这就要求我们在针对不同类别、不同家庭和不同个体认知水平的高职生群体和个人时，在进行通识性职业价值观教育的同时，宜采取差异化、个性化的更具有针对性的高职生职业价值观教育为有效补充方式，以实现低成本（包括经济成本和时间成本）、高效率地校验，为他们职业生涯发展的良性推进提供动力支撑。例如，笔者的调查研究表明：文理不同专业的高职生的"职业偏好"认知水平也不相同，理工类的高职生显著高于文史类的高职生，这与在求职、择业过程中文史类高职生往往比理工类高职生更难找到与所修专业相关度较高的工作岗位的现状有关，这需要高职院校引导文史类高职生改变思维定式，引导他们明白一个人的成功不完全取决于从事与专业相关的工作，关键在于有敏锐的眼光，有先发优势，从而引导文史类高职生善于思考，积极行动，开拓自己的新天地。此外，笔者的调查研究还表明：父母是否与子女进行社会职业和目标岗位的探讨和交流，以及交流次数的多与寡、交流程度的深与浅等都会对子女职业价值观形成样态和发展水平产生不同的影响。例如，父母与子女职业交流频度是"多次"的高职生要优于父母与子女职业交流频度是"偶尔"和"根本没有"的高职生。因此，高职院校要引导学生家长注意搜集一些典型人物的励志故事，并适时与子女探讨、交流和分享。引导学生家长围绕不同主题，不定期开展关于社会职业属性动态认知的家庭讨论，以帮助高职生认识和理解某种产业和岗位产生、发展以及消退的基本规律。可以以某种具体产业或岗位为切入口，讨论某种行业或某种岗位的产生、发展和融合消解。例如，老式照相机的发明产生了对照相底片的需求，产生了生产底片的产业和工作岗位；而数码相机的发明导致底片厂商和工作岗位的消失。进一步而言，智能手机拍照功能的配置与提升导致人们对普通数码相机需求的消退，普通数码相机融合消解于智能手机的发展进程之中。这说明人们社会需要的升级推动了社会产业结构的调整，同时也促进了岗位结构的调整与升级，这又进一步反作用于准备求职的高职生，要积极提升自身职业素养，迎接产业结构升级所带来的各种挑战。

综上所述，高职生的职业价值观教育应扎根于马克思主义哲学语境中的"人的需要"，关注需要的类生活，秉持需要的发展性，兼顾需要的层次性，实施高职生职业价值观教育的全方位、立体化、系统性的教育工程。这种把人的"个体需要"内在地蕴涵于"类需要"的职业价值观教育才是真正地指向人类的幸福和自身的完美职业价值观的教育。

结　语

本书较为详细地调查了高职生职业价值观的状况，在一定程度上分析了当代高职生的发展及其职业价值观存在的主要偏差，剖析了高职生职业价值观的影响因素、形成机制和主要特点，并从若干维度探讨了高职生职业价值观教育，但是受时间、人力等因素所限，以下一些问题尚未得到充分研究，需要后续开展更加深入的研究工作。

（一）高职生职业价值观教育的"共性与个性相协调"的教育体系设计问题

对于共性层面的以"敬业精神"为主题的社会主义核心价值观融入高职生职业价值观教育与个性层面的以"主体需要"为逻辑起点的高职生职业价值观教育，要探讨如何对二者进行科学的教育体系建设。高职生职业价值观教育在坚持以社会主义核心价值观为主导和引领的前提下，如何更好地兼顾高职生职业价值观教育的个体差异性，以深入探讨"共性与个性相协调"的教育体系设计，全面深化高职生职业价值观教育的理论与实践研究也是需继续深入研究的问题。

（二）创新、创业如何更好融入高职生职业价值观教育的问题

"大众创业、万众创新"是党中央、国务院作出的重大战略部署，作为青年学子的高职生，应该勇于开拓，锐意进取，为实现中华民族伟大复兴的中国梦贡献自己的力量。但是，有关省市的高校毕业生就业质量报告指出，当前我国包括高职毕业生在内的大学毕业生创业人数占当年毕业生

总数的比例依然非常低，创新、创业动力仍不足，能力仍偏低。因此，如何将创新、创业更好地融入高职生职业价值观教育，也是一个非常重要的战略性研究课题。

（三）高职生职业价值观教育的评价问题

高职生职业价值观教育的效果如何，需要进行科学的评价。要深入开展高职生职业价值观教育的评价研究，从评价理念、评价目的、评价内容、评价标准、评价主体、评价工具、评价方式、评价过程、评价结果的使用等方面，全面而系统地进行高职生职业价值观教育的评价研究。运用职业价值观的教育评价研究所得到的评价工具，检验高职生职业价值观教育的理论的科学性和实践的成效性，进而指导和修正高职生职业价值观教育的理论建构与实践探索。

（四）高职生职业价值观教育模式的问题

"三维一体"，"三维"最终要统一于"一体"。虽然笔者在调查和数据分析阶段验证了高职生职业价值观的"三维一体"结构，但是在高职生职业价值观教育的章节中尚未能很好地充分反映"三维一体"的结构要求。对此依据主体需要、职业偏好和互动感观的三个维度，立体化的职业价值观结构的理论构思，结合相关的实证调查研究，并结合相关维度的教育探讨，我们提出高职生职业价值观"双向-三环-九步"的NPI教育模式。它由"环节1：需要同构""环节2：偏好和鸣""环节3：互动升华"这三个教育环节构成，并且完整的NPI教育模式在三个环节的两两环节之间是双向递进的。其中，"N"表示"需要（Needs）"，"P"表示"偏好（Preference）"，"I"表示"互动（Interaction）"。

其中所谓需要同构是指，高职生由自身所预设的现实的求职择业需要，以及未来自我人生不同发展阶段的职业需要等这些"静态离散的"职业需要所构成的具有"动态连续的"特征的个人职业发展的"需要性态"，必须与当下以及社会未来发展的一个又一个"社会需要性态"相适应、相协调，从而实现"个体需要"与"社会需要"的同态良性的发展。这种需要同构的职业价值观教育可以分三步实施：步骤1职业个性的定向测验，步骤2主体需要的自我陈述和步骤3主体需要的社会规约。所谓偏好和鸣是指，高职生由自身所预设的现实的、粗线条式的、外在的求职择业偏好，以及未来自我人生不同发展阶段的精细化的、螺旋上升式的内在的职业偏好等这些"静态离散的"职业偏好所构成的具有"动态连续的"特征的个人职业发展的"偏好性态"，必须与当下及社会未来发展所要求的目标岗位或当下在岗岗位"社会属性性态"相适应、相协调，促进个人的"职业偏好"与目标岗位或在岗岗位的"社会属性"和谐共鸣，从而实现"个人职业偏好"与"岗位社会属性"的同态良性发展。这种偏好和鸣的职业价值观教育也可以分三步实施：步骤4职业偏好的自主表达，步骤5职业属性的特征考辨和步骤6偏好匹配的系统分析。所谓互动升华是指，高职生在职业价值观教育的相关理论指导下，运用实施职业价值观教育的对应方法，把自身置于个体"目标岗位"或"在岗岗位"的全流程、全景化的工作实践之中，从而把自身的"职业偏好"和"主体需要"与"职业岗位情境"充分对接，在人-职活动、人际互动之中体验和审视自身的职业偏好的精确性及主体需要的合理性，以实现职业偏好个体化的有效修正和主要需要的合理升华，并为下一轮回的自身职业价值观发展和自我教育提供持续的动力支撑。这种互动升华的职业价值观教育也可以分三步实施：道德规范的理性内化，核心团队的人际升华，组织文化的交互融合。

高职生职业价值观"双向-三环-九步"的NPI教育模式的"双向"表现在：在职业价值的NPI教育模式中有两个回路，回路一是"（1）→（2）→（3）→（1）"，回路二是"（4）→（5）→（6）→（4）"。具体见职业价值观NPI教育模式图。其中，回路一构成职业价值观教育的基本闭环，它是高职生职业价值观教育的基础体系，由"需要建构"教育开始，到"偏好和鸣"教育，再到"互动升华"教育，最后再回归"需要建构"教育，从而在更高的"主体需要层面"开始新一轮的职业价值观教育。高职院校在校高职生完整的职业价值观教育过程至少应该实现"回路一"一次完整闭合。而"回路二"既可以作为一个完整的职业价值观教育的闭合回路而在高职生职业价值观教育中发挥作用，也可以以局部环节的身份作为"回路一"补充而在高职生职业价值观教育的过程中发挥作用。"回路二"教育功能的发挥和"回路一"的二次或二次以上的教育功能的发挥，更多的是通过"学校教育情境"之外（因为此时高职生已经毕业走上社会）的"家庭教育情境"和"社会教育情境"而反复产生教育功效。总之，高职生职业价值观"双向-三环-九步"的NPI教育模式，是融合学校、家庭和社会于一体，反映职业价值观教育系统性、复杂性和多回合性的教育模式，它以"回路一"为基础构成体系，是高职院校在校生职业价值观教育的内在动力系统，并以内在动力系统带动、反复促进处于"学校教育情境"之外的"家庭教育情境"和"社会教育情境"中的高职生的职业价值观教育进程，从而使得高职生职业价值观的形成和发展都符合"社会核心价值追求"内在规范，以促进高职生职业生涯的良性发展。

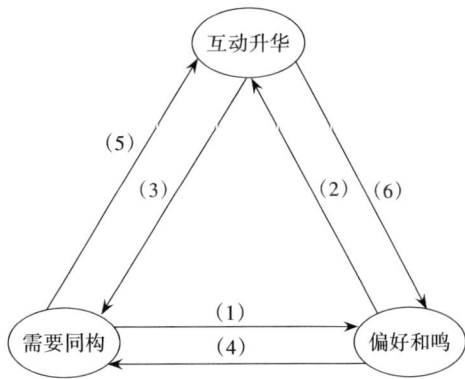

职业价值观NPI教育模式图

以上高职生职业价值观"双向-三环-九步"的NPI教育模式，只是我们对高职生职业价值观教育模式的一种理论构思的尝试和探索，其中尚有诸多的研究课题（如九个步骤中每一个步骤应如何实施）尚待进一步探讨和教育实践的检验。这既可以作为我们后期研究的主题之一，也想抛砖引玉，以期有志于高职生职业价值观教育模式研究的同仁共同努力，深入探索。

总之，高职生职业价值观教育的研究领域较为广泛，研究主题众多，以上所述的尚待研究问题有的时代紧迫性较强，如"创新、创业"；有的整体性和系统性较强，如"共性与个性相协调"的教育体系设计问题和高职生职业价值观教育模式研究，这些主题都有待后续进行深入研究。

主要参考文献

[1]埃德加·施恩.职业锚：发现你的真正价值[M].北森测评网，译.北京：中国财政经济出版社，2004.

[2]蔡蓓，杨帆，高静，等.职业价值观对高职生就业能力的影响探讨[J].职教论坛，2018（12）：173-176.

[3]蔡婧，邓宏宝.民国时期职业院校的职业价值观教育[J].南通大学学报（社会科学版），2019（6）：115-120.

[4]陈万柏，张耀灿.思想政治教育学原理[M].3版.北京：高等教育出版社，2015.

[5]陈玉君，黄利秀.青年马克思的价值理想及对当代青年的启示：读《青年在选择职业时的考虑》[J].前沿，2011（9）：131-135.

[6]邓小平文选：第2卷[M].北京：人民出版社，1994.

[7]邓小平文选：第3卷[M].北京：人民出版社，1993.

[8]高洁，邓一凡.师范生教师职业价值观量表的编制[J].成都师范学院学报，2021（12）：33-40.

[9]葛军燕.职业价值观教育：目标、特质及其路径：基于职业院校学生职业生活体验的探讨[J].中国高教研究，2012（9）：103-106.

[10]国家教委思想政治工作司.思想政治教育方法论[M].北京：高等教育出版社，1992.

[11]何晓岩.以江苏高职院校为例谈高职学生职业价值观的现状及对策[J].教育与职业，2018（22）：90-93.

[12]胡家祥.马斯洛需要层次论的多维解读[J].哲学研究，2015（8）：

104-108.

[13]胡锦涛文选：第2卷[M].北京：人民出版社，2016.

[14]黄希庭，张进辅，李红，等.当代中国青年价值观与教育[M].成都：四川教育出版社，1994.

[15]江泽民文选：第1卷[M].北京：人民出版社，2006.

[16]江泽民文选：第2卷[M].北京：人民出版社，2006.

[17]姜玉素.职业院校学生价值观养成[M].北京：航空工业出版社，2017.

[18]金盛华，李雪.大学生职业价值观：手段与目的[J].心理学报，2005（5）：650-657.

[19]黎靖德.朱子语类[M].北京：中华书局，2007.

[20]李德顺，孙美堂.马克思主义价值论发展探析[J].中国特色社会主义研究，2013（6）：5-11.

[21]李德顺."满足需要"有何错：答王玉樑同志[J].马克思主义研究，2013（9）：134-142.

[22]李德顺.价值论：一种主体性的研究[M].3版.北京：中国人民大学出版社，2013.

[23]李德顺.价值学大词典[Z].北京：中国人民大学出版社，1995.

[24]李健，沈雯.习近平关于青年职业价值观重要论述的四维探析[J].高校辅导员学刊，2022（6）：70-74.

[25]列宁全集：第2卷[M].北京：人民出版社，1984.

[26]凌文辁，方俐洛，白利刚.我国大学生的职业价值观研究[J].心理学报，1999（3）：342-348.

[27]刘海燕.新时代高职学生职业价值观发展特征及教育对策研究[D].大连：大连理工大学，2021.

[28]刘易斯·艾肯，加里·格罗斯-马纳特.艾肯心理测量与评估[M].12版.张厚粲，赵守盈，译.北京：中国人民大学出版社，2011.

[29]卢德斯·R.奎苏姆宾，卓依·德·利奥.学会做事：在全球化中共

同学习与工作的价值观[M].余祖光，译.北京：人民教育出版社，2006.

[30]马克思恩格斯全集：第1卷[M].北京：人民出版社，1995.

[31]马克思恩格斯全集：第23卷[M].北京：人民出版社，1972.

[32]马克思恩格斯全集：第3卷[M].北京：人民出版社，2002.

[33]马克思恩格斯文集：第1卷[M].北京：人民出版社，2009.

[34]马斯洛.动机与人格[M].许金声，程朝翔，译.北京：华夏出版社，1987.

[35]毛泽东选集：第1卷[M].北京：人民出版社，1991.

[36]毛泽东选集：第3卷[M].北京：人民出版社，1991.

[37]沈壮海.思想政治教育有效性研究[M].2版.武汉：武汉大学出版社，2008.

[38]陶礼军.基于职业锚理论的大学生择业观分析与对策研究：以绍兴市为例[J].学术论坛，2013（12）：210-213.

[39]王友平，盛思鑫.对马斯洛需要理论的再认识[J].学术探索，2003（9）：69-72.

[40]王玉樑.评价值哲学中的满足需要论[J].马克思主义研究，2012（7）：65-74，159-160.

[41]王云五，朱经农.礼记[M].北京：商务印书馆，1947.

[42]闻佳鑫.家庭与中国青少年职业生涯理想[M].北京：北京交通大学出版社，2016.

[43]吴明隆.结构方程模型：AMOS的操作与应用[M].重庆：重庆大学出版社，2010.

[44]吴明隆.问卷统计分析实务：SPSS操作与应用[M].重庆：重庆大学出版社，2010.

[45]习近平谈治国理政：第2卷[M].北京：外文出版社，2017.

[46]习近平谈治国理政[M].北京：外文出版社，2014.

[47]徐海峰.社会主义核心价值观研究需要深入探讨的几个问题[J].社会主义研究，2014（4）：26-32.

[48]薛利锋.试论大学生职业价值观教育体系的基本结构[J].思想理论教育导刊，2012（12）：100.

[49]杨伯峻.论语译注：简体字本[M].北京：中华书局，2006.

[50]于海波，张大均，张进辅.高师生职业价值观研究的初步构想[J].西南师范大学学报（人文社会科学版），2001（2）：61-66.

[51]余华，黄希庭.大学生与内地企业员工职业价值观的比较研究[J].心理科学，2000（6）：739-740.

[52]余卉，胡子祥.城镇化进程中的高校毕业生职业价值观结构研究[J].黑龙江高教研究，2019（12）：126-130.

[53]毓民.法国、德国政治和价值观教育情况概览[J].思想理论教育导刊，2002（3）：56-60.

[54]袁贵仁.价值观的理论与实践：价值观若干问题的思考[M].北京：北京师范大学出版社，2013.

[55]张宏.大学生职业价值观教育体系研究[M].哈尔滨：黑龙江大学出版社，2015.

[56]张建云.马克思"价值"范畴的深层解读[J].马克思列宁主义研究，2017（1）：43-51.

[57]张觉.荀子译注[M].上海：上海古籍出版社，2012.

[58]张玉平.马斯洛需要层次论的运用及其局限[J].中山大学学报（社会科学版），1994（1）：120-124.

[59]赵伟.人的需要：社会主义核心价值观认同的现实根基：培育践行社会主义核心价值观的路径探索[J].社会主义研究，2014（5）：36-41.

[60]中共中央文献研究室.三中全会以来重要文献选编：下[M].北京:中央文献出版社，2011.

[61]中共中央文献研究室.十八大以来重要文献选编：上[M].北京：中央文献出版社，2014.

[62]中共中央文献研究室.十八大以来重要文献选编：中[M].北京：中央文献出版社，2016.

[63]周敦颐.周敦颐集[M].长沙：岳麓书社，2002.

[64]周锋.大学生职业价值观内部结构探析[J].河北大学学报（哲学社会科学版），2015（1）：135-139.

[65]周锋.价值哲学视域的职业价值观[J].河北大学学报（哲学社会科学版），2014（5）：9-13.

[66]朱志勇."人的需要"与需要异化：马克思《巴黎手稿》需要理论探析[J].河北学刊，2008（6）：29-33.

附录1 高职生职业价值观调查问卷

亲爱的同学：

您好！感谢您参与本调研！该调研只作科学研究用，不记名，且调研结果绝对保密，回答也无对错、好坏、高低之分，请您根据实际情况如实作答。本问卷正文中的选择题都是单项选择题，每小题只可以选择一个答案。

对于您的支持和帮助，我们谨诚致谢！

第一部分：请填写您的基本情况（不必署名）

说明：除学校名称和专业以外，其他选项可以直接在数字上打"√"，每小题仅可以选一个答案。

基本情况
1.您就读学校全名：＿＿＿＿＿＿＿＿＿＿＿＿＿＿＿＿
2.您所学专业：＿＿＿＿＿＿＿＿＿＿＿＿＿＿＿＿
3.您的专业类别：①理工　②文史
4.您的性别：　①男　②女
5.您是否是独生子女：①是　②否
6.您的年级：　①一年级　②二年级　③三年级
7.您家庭所在地：①省会以上　②地级市　③县城（县级市）④乡镇　⑤农村
8.您父亲文化程度：①本科及以上　②大专　③高中或中专　④初中　⑤小学及以下
9.您母亲文化程度：①本科及以上　②大专　③高中或中专　④初中　⑤小学及以下
10.您父母对孩子的教养方式：　①民主型　②专制型　③放任自流型

11.对于未来想要从事的职业,父母与您交流的次数: ①根本没有交流　　②仅偶尔有交流　　③有多次交流
12.您家庭成员的人际关系(主要是父母之间的关系)是: ①非常和谐　　　②一般　　　③经常有冲突

第二部分:职业价值观调查问卷正文

请注意,所有题目都是单项选择题!

1. 关于工作对于生活维护的重要性,您认为 (　　)

A.极其重要　　　B.比较重要　　　C.无所谓是否重要

D.不太重要　　　E.根本不重要

2. 您对工作岗位安全性的认识是 (　　)

A.非常反对　　　B.反对　　　C.无所谓

D.赞同　　　E.非常赞同

3. 您对工作与家庭生活协调性的认识是 (　　)

A.赞同,二者必须协调　　　B.赞同,二者应该协调

C.不确定　　　D.反对,冲突时生活优先

E.反对,冲突时工作优先

4. 您对自己工作中交通便利性的态度是 (　　)

A.必须考虑　　　B.需要考虑　　　C.无所谓

D.可以不考虑　　　E.根本不考虑

5. 在求职中您对工作与自己个性匹配重要性的认识是 (　　)

A.极其重要　　　B.比较重要　　　C.无所谓是否重要

D.不太重要　　　E.根本不重要

6. 您对于工作与个性特征相匹配的态度是 (　　)

A.必须考虑　　　B.需要考虑　　　C.无所谓

D.可以不考虑　　　E.根本不考虑

7. 您对于工作能坚持自己想法的认识是（　　）

A.非常赞同，会坚持　　　　　B.赞同，会考虑　　　　　C.无所谓

D.反对，不会考虑　　　　　E.非常反对，根本不考虑

8. 您对于自己在目标工作领域拥有天资禀赋的认识是（　　）

A.非常赞同，因为二者关联极强

B.赞同，因为二者关联紧密

C.无所谓，不用考虑

D.反对，因为二者关联不大

E.非常反对，因为二者关联极小

9. 您对高于一般水平薪资重要性的认识是（　　）

A.极其重要　　　　　B.比较重要　　　　　C.无所谓是否重要

D.不太重要　　　　　E.根本不重要

10. 您对于工作单位能提供住宿保障的态度（　　）

A.必须考虑　　　　　B.需要考虑　　　　　C.无所谓

D.可以不考虑　　　　　E.根本不考虑

11. 您对单位能提供有价值培训机会的认识是（　　）

A.极其重要　　　　　B.比较重要　　　　　C.无所谓是否重要

D.不太重要　　　　　E.根本不重要

12. 您对能自主选择加班时间和次数的认识是（　　）

A.非常赞同，必须考虑　　　　　B.赞同，需要考虑

C.无所谓，没有考虑过　　　　D.反对，可以不考虑

E.非常反对，根本不考虑

13. 您对工作岗位自我能动重要性的认识是（　　）

A.极其重要　　　　　B.比较重要　　　　　C.无所谓是否重要

D.不太重要　　　　　E.根本不重要

14. 您对主动调整自我，尽快融入工作团队的认识是（　　）

A.非常认同　　　　　B.认同　　　　　C.不确定

D.反对　　　　　E.非常反对

15. 您对自我意识能改善工作氛围的认识是（　　）

A.非常确信　　　　B.确信　　　　C.不确定

D.怀疑　　　　　　E.非常怀疑

16. 您对"如果工作与自己个性不相符，愿意调整自我"的态度是（　　）

A.非常认同并努力执行　　　　B.认同，会尝试执行

C.不确定，很难说　　　　　　D.反对，不愿尝试执行

E.非常反对，根本不会执行

17. 您对工作能提高自己的社会地位的认识是（　　）

A.非常赞同，必须考虑　　　　B.赞同，需要考虑

C.无所谓，没有考虑过　　　　D.反对，可以不考虑

E.非常反对，根本不考虑

18. 您对工作能使自己受到尊重的认识是（　　）

A.极其重要　　　　B.比较重要　　　　C.无所谓是否重要

D.不太重要　　　　E.根本不重要

19. 您对工作单位规模大、知名度高的认识是（　　）

A.非常赞同，必须考虑　　　　B.赞同，需要考虑

C.无所谓，没有考虑过　　　　D.反对，可以不考虑

E.非常反对，根本不考虑

20. 您对于工作能使亲朋认同的认识是（　　）

A.极其重要　　　　B.比较重要　　　　C.无所谓是否重要

D.不太重要　　　　E.根本不重要

21. 您对于入职前会初步评估自己在目标单位晋升空间的认识是（　　）

A.极其重要　　　　B.比较重要　　　　C.无所谓是否重要

D.不太重要　　　　E.根本不重要

22. 您对入职后会尽快熟悉单位晋升制度的认识是（　　）

A.非常赞同，必须考虑　　　　B.赞同，需要考虑

C.无所谓，没有考虑过　　　　　　D.反对，可以不考虑

E.非常反对，根本不考虑

23. 您对于入职后有尽快准备晋升必备条件的意识是（　　）

A.非常认同并努力执行　　　　　B.认同，会尝试执行

C.不确定，很难说　　　　　　　D.反对，不愿尝试执行

E.非常反对，根本不会执行

24. 您对于入职前有设计自己晋升方案意识的态度是（　　）

A.非常认同并努力执行　　　　　B.认同，会尝试执行

C.不确定，很难说　　　　　　　D.反对，不愿尝试执行

E.非常反对，根本不会执行

25. 您对工作能充分发挥自己创造性的认识是（　　）

A.极其重要　　　B.比较重要　　　C.无所谓是否重要

D.不太重要　　　E.根本不重要

26. 您对能围绕工作主题进行创新想象的认识是（　　）

A.非常赞同，必须考虑　　　　　B.赞同，需要考虑

C.无所谓，没有考虑过　　　　　D.反对，可以不考虑

E.非常反对，根本不考虑

27. 您对工作能创造出引领社会消费潮流的新服务（如共享单车等）的认识是（　　）

A.非常认同并努力执行　　　　　B.认同，会尝试执行

C.不确定，很难说　　　　　　　D.反对，不愿尝试执行

E.非常反对，根本不会执行

28. 您对于创业是要让自己成为职场风云人物的认识是（　　）

A.极其重要　　　B.比较重要　　　C.无所谓是否重要

D.不太重要　　　E.根本不重要

29. 您对要创业就必须选择法律明确规定可以从事的商业领域的认识是（　　）

A.非常认同并努力执行　　　　　　B.认同，会尝试执行

C.不确定，很难说　　　　　D.反对，不愿尝试执行

E.非常反对，根本不会执行

30. 您对创业需要追求技术、产品或服务的创新的认识是（　　）

A.非常赞同，必须考虑　　　　　B.赞同，需要考虑

C.无所谓，没有考虑过　　　　　D.反对，可以不考虑

E.非常反对，根本不考虑

31. 您对有一个公正的领导比其他什么条件都重要的认识是（　　）

A.极其重要　　　　B.比较重要　　　　C.无所谓是否重要

D.不太重要　　　　E.根本不重要

32. 您对同事具有团队协作意识的认识是（　　）

A.非常赞同，必须考虑　　　　　B.赞同，需要考虑

C.无所谓，没有考虑过　　　　　D.反对，可以不考虑

E.非常反对，根本不考虑

33. 您对单位内部有公平竞争的机制和氛围的认识是（　　）

A.非常赞同，必须考虑　　　　　B.赞同，需要考虑

C.无所谓，没有考虑过　　　　　D.反对，可以不考虑

E.非常反对，根本不考虑

34. 您对工作环境不容易使人腐败或虚伪的认识是（　　）

A.极其重要　　　　B.比较重要　　　　C.无所谓是否重要

D.不太重要　　　　E.根本不重要

35. 您对领导的人格品德符合期待的认识是（　　）

A.非常赞同，必须考虑　　　　　B.赞同，需要考虑

C.无所谓，没有考虑过　　　　　D.反对，可以不考虑

E.非常反对，根本不考虑

36. 您对愿意揭发自己所在团队不当得利的行为的认识是（　　）

A.非常认同并努力执行　　　　　B.认同，会尝试执行

C.不确定，很难说　　　　　D.反对，不愿尝试执行

E.非常反对，根本不会执行

37. 您对作为成员坚决维护团队的正当权益的认识是 （   ）

A.极其重要　　　　B.比较重要　　　　C.无所谓是否重要

D.不太重要　　　　E.根本不重要

38. 您对考虑团队其他成员的感受，注意自己的言谈举止的认识是

（   ）

A.非常赞同，必须考虑　　　　B.赞同，需要考虑

C.无所谓，没有考虑过　　　　D.反对，可以不考虑

E.非常反对，根本不考虑

39. 您对自己主动为团队发展出谋划策的认识是 （   ）

A.非常认同并努力执行　　　　B.认同，会尝试执行

C.不确定，很难说　　　　　　D.反对，不愿尝试执行

E.非常反对，根本不会执行

40. 您对"有更好的福利待遇，自己就会跳槽"的认识是 （   ）

A.非常赞同，必须考虑　　　　B.赞同，需要考虑

C.无所谓，没有考虑过　　　　D.反对，可以不考虑

E.非常反对，根本不考虑

41. 您对"感觉自己晋升无望，就会主动找机会跳槽"的认识是 （   ）

A.非常认同并努力执行　　　　B.认同，会尝试执行

C.不确定，很难说　　　　　　D.反对，不愿尝试执行

E.非常反对，根本不会执行

42. 您对"工作强度或压力不大"的态度是 （   ）

A.很重要，非常认同　　　　B.认可，需要考虑

C.无所谓，没有考虑　　　　D.不重要，可不用考虑

E.非常反对，从未考虑

43. 您对"工作符合家长和社会的期望"的认识是 （   ）

A.非常赞同，必须考虑　　　　B.赞同，需要考虑

C.无所谓，没有考虑过　　　　D.反对，可以不考虑

E.非常反对，根本不考虑

附录2 高职生职业价值观访谈问卷

亲爱的同学：

您好！感谢您参与本调研！该调研只作科学研究用，回答没有好与坏、对与错的区分，且不记名、调查结果保密，请您根据自己的实际想法如实答题。

对于您的支持和帮助，我们谨诚致谢！

1.在选择职业时，您看重工作岗位的哪些因素？

（请按重要程度由高到低的顺序，至少给出5个考虑因素）

2.您非常希望自己将来从事哪些职业？

（请按渴望程度由高到低的顺序，至少给出5种希望从事的职业）

3.找工作面试时，您打算向面试官了解对方哪些方面？

（请按自己认为的重要程度由高到低的顺序，至少给出5个方面）

4.您认为哪些因素很可能引发自己跳槽？

（请按重要程度由高到低的顺序，至少给出5种需要考虑的因素）

5.您认为职业是否成功的评判标准有哪些？

（请按重要程度由高到低的顺序，至少给出5个评判标准）

6.请您简要说明对于工作团队的期望。

（请简要给出至少5个方面的要点）

7.关于工作的主体能动性是指自己在工作中所能决定的工作内容、工作方式、工作流程等的能力水平和可能实现的程度。请您简要说明对于工作主体能动性的看法。

（请简要给出至少5个方面的要点）

8.请您简要说明自己对于创业方面的看法。

（请简要给出至少5个方面的要点）

9.如果您的工作很稳定但是不能发挥自己的创造性，那么您将：

_____，

理由是：_____。

10.如果您的工作很稳定但是没有发展空间，那么您将：

_____，

理由是：_____。

11.如果您在给自己单位创造价值和利益的同时，损害了公共利益，那么您将：_____，

理由是：_____。

12.如果单位的组织文化不适合自己的性格，那么您将：

_____，

理由是：_____。

13.如果一份工作岗位会得到社会普遍认可，但是与自己专业严重脱节，那么您将：_____，

理由是：_____。

附录3 高职生职业价值观预试量表

亲爱的同学:

您好! 感谢您参与本调研! 该调研只作科学研究用, 不记名, 且调研结果绝对保密, 回答也无好与坏、对与错的区分, 请您根据实际情况如实作答。本问卷正文中的选择题全部是单项选择题, 每小题只选一个答案。

对于您的支持与帮助, 深表谢意!

第一部分:请填写您的基本情况(不必署名)

说明: 除学校名称和专业以外, 其他选项可以直接在数字上打"√", 每小题仅可以选一个答案。

基本情况
1.您就读学校全名: _____
2.您所学专业: _____
3.您的专业类别:①理工　②文史
4.您的性别:①男　②女
5.您是否是独生子女:①是　②否
6.您的年级:①一年级　②二年级　③三年级
7.您家庭所在地:①省会以上　②地级市　③县城(县级市)　④乡镇　⑤农村
8.您父亲文化程度:①本科及以上　②大专　③高中或中专　④初中　⑤小学及以下
9.您母亲文化程度:①本科及以上　②大专　③高中或中专　④初中　⑤小学及以下
10.您父母对孩子的教养方式:①民主型　②专制型　③放任自流型
11.您对学校开设课程的态度:①需要优化课程体系　②不清楚,无所谓　③不需要优化课程体系

12.您认为社会舆论(特别是周围亲朋好友的言论)是否会对自己的择业求职过程产生影响：
①没有影响　②没有考虑过　③有影响
13.您对"晋升无望就跳槽"的态度是：①反对　②无所谓　③赞同
14.您对采用"小手段"与同事竞争的态度是：①反对　②没有想过　③赞同
15.您对"工作要能提高自己的社会地位"的态度是：①不需要考虑　②无所谓　③需要考虑
16.您对"以职场大佬为榜样"的态度是：①反对　②没有考虑过　③赞同
17.对于未来想要从事的职业，父母与您交流的次数： ①根本没有交流　②仅偶尔有交流　③有多次交流
18.您家庭成员的人际关系(主要是父母之间的关系)是： ①非常和谐　②一般　③经常有冲突

第二部分：职业价值观调查问卷正文

请仔细阅读下面的题目，在最能反映您情况的数字上打"√"，1表示"极不符合"，2表示"不符合"，3表示"不确定"，4表示"符合"，5表示"非常符合"。

注意：每小题只能选择一个答案。

题号	内容陈述	极不符合	不符合	不确定	符合	非常符合
V01	工作岗位能充分保障人身安全	1	2	3	4	5
V02	当工作与家庭生活冲突时会把工作优先	1	2	3	4	5
V03	工作地点离家近,免受交通不便之苦	1	2	3	4	5
V04	工作有助于个人经济独立	1	2	3	4	5
V05	考虑到未来子女的教育和发展,必须努力工作	1	2	3	4	5
V06	从事该工作有利于提高自己和家庭的生活质量	1	2	3	4	5
V07	工作能带给人激情	1	2	3	4	5
V08	工作能实现个人的抱负和目标	1	2	3	4	5
V09	工作能磨炼个人意志品质	1	2	3	4	5
V10	工作能施展个人的能力和特长	1	2	3	4	5

题号	内容陈述	极不符合	不符合	不确定	符合	非常符合
V11	工作能为社会发展创造价值	1	2	3	4	5
V12	工作能提高单位的社会竞争力	1	2	3	4	5
V13	工作单位规模大、知名度高	1	2	3	4	5
V14	工作能提高自己的社会地位	1	2	3	4	5
V15	工作能使周围人羡慕自己	1	2	3	4	5
V16	工作能使自己受到重视	1	2	3	4	5
V17	工作能使自己享受充足的个人空间(如独立办公室)	1	2	3	4	5
V18	要是一项工作使自己或亲人没面子,宁愿不要它	1	2	3	4	5
V19	工作能使自己容易晋升到高地位	1	2	3	4	5
V20	某些社会关系有助于日后在单位中的晋升	1	2	3	4	5
V21	入职前会初步评估自己在该单位的晋升空间	1	2	3	4	5
V22	入职前有设计自己晋升方案的意识	1	2	3	4	5
V23	入职后会尽快熟悉单位晋升制度	1	2	3	4	5
V24	入职后有尽快准备晋升必备条件的意识	1	2	3	4	5
V25	工作能产生新想法或启示	1	2	3	4	5
V26	工作能开发出新技术	1	2	3	4	5
V27	工作能创造出新颖而有价值的产品或作品	1	2	3	4	5
V28	工作能创造出引领社会消费潮流的新服务(如共享单车)	1	2	3	4	5
V29	能围绕工作主题进行丰富的想象	1	2	3	4	5
V30	工作能充分发挥自己的创造性	1	2	3	4	5
V31	一旦发现机会,会迅速开展调研,并创造条件去创业	1	2	3	4	5
V32	会与团队其他成员认真讨论创业方案的可行性	1	2	3	4	5
V33	创业是要让自己成为职场风云人物	1	2	3	4	5
V34	创业需要追求技术、产品或服务的创新	1	2	3	4	5
V35	要创业会首选互联网经济(如:开网店、经营共享单车等)	1	2	3	4	5
V36	要创业就必须选择法律明确规定可以从事的商业领域	1	2	3	4	5
V37	希望能与同事合作愉快	1	2	3	4	5
V38	希望工作团队的凝聚力强	1	2	3	4	5

题号	内容陈述	极不符合	不符合	不确定	符合	非常符合
V39	单位领导与同事容易相处	1	2	3	4	5
V40	有一个公正的领导比其他什么条件都要好	1	2	3	4	5
V41	单位同事要有团队协作意识	1	2	3	4	5
V42	单位内部有公平竞争的机制和氛围	1	2	3	4	5
V43	单位能提供住宿	1	2	3	4	5
V44	单位提供齐全的"五险一金"	1	2	3	4	5
V45	能自主选择加班的时间和次数	1	2	3	4	5
V46	工作能使我有高于一般水平的年薪	1	2	3	4	5
V47	在单位能享受到:法定节假日、每周双休	1	2	3	4	5
V48	单位能提供有价值的培训机会	1	2	3	4	5
V49	不用经常出差或到异地工作	1	2	3	4	5
V50	工作强度或压力不大	1	2	3	4	5
V51	有很好的发展前途	1	2	3	4	5
V52	能实现自己独特的想法	1	2	3	4	5
V53	工作与自己所学专业相关	1	2	3	4	5
V54	可以发展出对日后有帮助的人际关系	1	2	3	4	5
V55	工作符合家长和社会的期望	1	2	3	4	5
V56	工作与自己性格相符	1	2	3	4	5
V57	自己在该工作领域有天分	1	2	3	4	5
V58	工作让人开心	1	2	3	4	5
V59	工作中能够坚持自己的想法	1	2	3	4	5
V60	能够围绕工作主题进行丰富的想象	1	2	3	4	5
V61	工作符合自己兴趣、爱好	1	2	3	4	5
V62	喜欢富有挑战性的工作	1	2	3	4	5
V63	工作能发挥自己特长	1	2	3	4	5
V64	喜欢从事与自己个性相符的工作	1	2	3	4	5
V65	会主动调整自我,尽快融入工作团队	1	2	3	4	5
V66	相信工作氛围能改变自我意识	1	2	3	4	5

题号	内容陈述	极不符合	不符合	不确定	符合	非常符合
V67	相信自我意识能改变工作氛围	1	2	3	4	5
V68	如果工作与自己个性不相符,愿意调整自我	1	2	3	4	5
V69	宁肯待业,也不愿意从事自己不喜欢的工作	1	2	3	4	5
V70	工作地区生活方式和文化习惯要适合自己	1	2	3	4	5
V71	工作任务或工作方式不损害社会公共利益	1	2	3	4	5
V72	工作环境不容易使人腐败或虚伪	1	2	3	4	5
V73	领导的人格品德符合期待	1	2	3	4	5
V74	工作与社会公德或社会公共原则不相冲突	1	2	3	4	5
V75	当团队行为损害公共利益时,作为成员自己会保持沉默	1	2	3	4	5
V76	愿意揭发自己所在团队不当得利的行为	1	2	3	4	5
V77	面对媒体会主动掩盖自己团队的不当行为	1	2	3	4	5
V78	自己会完成领导安排的违规任务	1	2	3	4	5
V79	当组织行为有损集体荣誉时,自己会站出来反对	1	2	3	4	5
V80	有更好的福利待遇,自己就会跳槽	1	2	3	4	5
V81	感觉自己晋升无望,就会主动找机会跳槽	1	2	3	4	5
V82	作为成员会坚决维护团队的正当权益	1	2	3	4	5
V83	为了团队的发展,不会计较个人得失	1	2	3	4	5
V84	会考虑团队其他成员的感受,注意自己的言谈举止	1	2	3	4	5
V85	对于团队成员的不当言行,应该马上当众指责	1	2	3	4	5
V86	为了形成公平竞争的机制和氛围,会积极提出建议	1	2	3	4	5
V87	虽然成员之间竞争激烈,但相信公平、正当的竞争	1	2	3	4	5
V88	要打败与自己竞争的同事,可以采用一些"小手段"	1	2	3	4	5
V89	会主动为团队的发展出谋划策	1	2	3	4	5
V90	会时刻提醒自己,不能有损害团队荣誉的言行举止	1	2	3	4	5
V91	只要能晋升,就会选择跳槽	1	2	3	4	5

问卷结束，再次感谢！

附录4 高职生职业价值观正式量表

亲爱的同学：

您好！感谢您参加本调研！此调研只作科学研究用，不记名，且调研结果绝对保密，回答也无好坏、对错、高低之分，请您根据自己的真实情况如实作答。本问卷正文中的选择题都是单项选择题，每小题只选一个答案。

对您的支持与帮助，谨诚致谢！

第一部分：请填写您的基本情况（不必署名）

说明：除学校名称和专业以外，其他选项可以直接在数字上打"√"，每小题仅可以选一个答案。

基本情况
1.您就读学校全名：_____
2.您所学专业：_____
3.您的专业类别：①理工 ②文史
4.您的性别：①男 ②女
5.您是否是独生子女：①是 ②否
6.您的年级：①一年级 ②二年级 ③三年级
7.您家庭所在地：①省会以上 ②地级市 ③县城（县级市） ④乡镇 ⑤农村
8.您父亲文化程度：①本科及以上 ②大专 ③高中或中专 ④初中 ⑤小学及以下
9.您母亲文化程度：①本科及以上 ②大专 ③高中或中专 ④初中 ⑤小学及以下
10.您父母对孩子的教养方式：①民主型 ②专制型 ③放任自流型

11.您对学校开设课程的态度： ①需要优化课程体系　②不清楚，无所谓　③不需要优化课程体系	
12.您认为社会舆论(特别是周围亲朋好友的言论)是否会对自己的择业求职过程产生影响： ①没有影响　②没有考虑过　③有影响	
13.您对"晋升无望就跳槽"的态度是：①反对　②无所谓　③赞同	
14.您对采用"小手段"与同事竞争的态度是：①反对　②没有想过　③赞同	
15.您对"工作要能提高自己的社会地位"的态度是：①不需要考虑　②无所谓　③需要考虑	
16.您对"以职场大佬为榜样"的态度是：①反对　②没有考虑过　③赞同	
17.对于未来想要从事的职业，父母与您交流的次数： ①根本没有交流　②仅偶尔有交流　③有多次交流	
18.您家庭成员的人际关系(主要是父母之间的关系)是：①非常和谐　②一般　③经常有冲突	

第二部分：职业价值观调查问卷正文

请仔细阅读下面的题目，在最能反映您情况的数字上打"√"，1表示"极不符合"，2表示"不符合"，3表示"不确定"，4表示"符合，"5表示"非常符合"。

注意：每题只能选择一个答案。

题号	内容事项	极不符合	不符合	不确定	符合	非常符合
1	希望工作团队的凝聚力强	1	2	3	4	5
2	希望工作符合自己兴趣、爱好	1	2	3	4	5
3	希望在工作时能开发出新技术	1	2	3	4	5
4	入职前有设计自己晋升方案的意识	1	2	3	4	5
5	希望工作能提高自己的社会地位	1	2	3	4	5
6	一旦发现机会，会迅速开展调研，并创造条件去创业	1	2	3	4	5
7	希望工作强度或压力不大	1	2	3	4	5
8	希望工作环境不容易使人腐败或虚伪	1	2	3	4	5
9	如果工作与自己个性不相符,愿意调整自我	1	2	3	4	5

题号	内 容 事 项	极不符合	不符合	不确定	符合	非常符合
10	希望能与同事合作愉快	1	2	3	4	5
11	希望工作能发挥自己特长	1	2	3	4	5
12	希望工作能创造出新颖而有价值的产品或作品	1	2	3	4	5
13	入职后会尽快熟悉单位晋升制度	1	2	3	4	5
14	希望工作能使自己受到重视	1	2	3	4	5
15	会与团队其他成员认真讨论创业方案的可行性	1	2	3	4	5
16	希望工作符合家长和社会的期望	1	2	3	4	5
17	希望工作与社会公德或社会公共原则不相冲突	1	2	3	4	5
18	相信自我意识能改变工作氛围	1	2	3	4	5
19	希望单位同事有团队协作意识	1	2	3	4	5
20	希望自己在就业岗位的工作领域有天分	1	2	3	4	5
21	希望工作能创造出引领社会消费潮流的新服务(如共享单车)	1	2	3	4	5
22	入职后有尽快准备晋升必备条件的意识	1	2	3	4	5
23	希望工作能使自己享受充足的个人空间(如独立办公室)	1	2	3	4	5
24	要创业会首选互联网经济(如:开网店、经营共享单车等)	1	2	3	4	5
25	希望工作可以发展出对日后有帮助的人际关系	1	2	3	4	5
26	希望工作任务或工作方式不损害社会公共利益	1	2	3	4	5
27	相信工作氛围能改变自我意识	1	2	3	4	5
28	希望单位内部有公平竞争的机制和氛围	1	2	3	4	5
29	能够围绕工作主题进行丰富的想象	1	2	3	4	5
30	希望工作能激活自己的创新潜力	1	2	3	4	5
31	入职前会初步评估自己在该单位的晋升空间	1	2	3	4	5
32	希望工作单位规模大、知名度高	1	2	3	4	5
33	创业需要追求技术、产品或服务的创新	1	2	3	4	5
34	希望在单位能享受到:法定节假日放假、每周双休	1	2	3	4	5

附录5 高职生职业价值观状况调查报告

社会调查是人们研究社会问题的根本方法，它被广泛地运用在社会的各个领域。调查研究在社会问题的研究进程中占有举足轻重的地位。毛泽东同志说："没有调查，没有发言权。"①江泽民同志不仅是从方法论视角看待调查研究的重要性，更是从政治论题的高度看待调查研究的重要性，他说："加强调查研究不仅是一个工作方法问题，而且是一个关系党和人民的事业得失成败的大问题。"②为了更全面、更准确地了解当前高职生职业价值观的状况，笔者进行了三次调查，这里重点介绍三次调查的目的、内容、方式、样本和数据处理等。

第一部分：第一次调查概述

本部分主要从调查目的、调查内容和调查方式、调查样本、调查数据处理四个方面对第一次调查的基本情况加以介绍。

一、调查目的

运用我们编制的《高职生职业价值观调查问卷》（见附录1）和《高职生职业价值观访谈问卷》（见附录2）进行第一次调查。编制调查问卷和访谈问卷的主要目的有两个：一是通过问卷和访谈初步了解当前高职生职业价值观的基本状况，为进一步探讨高职生职业价值观的影响因素、主要特

---

① 毛泽东选集：第1卷[M].北京：人民出版社，1991：109.

② 江泽民文选：第1卷[M].北京：人民出版社，2006：306.

点，以及为发展高职生职业价值观教育做准备；二是根据测量学有关要求，结合调查和访谈结果，为《高职生职业价值观预试量表》（见附录3）条目的编写提供有效依据。

二、调查内容和调查方式

本次调查的主要内容是《高职生职业价值观调查问卷》（见附录1）、《高职生职业价值观访谈问卷》（见附录2）。调查方式主要有：在线调查和当面访谈等。由于人力、物力和财力等诸多因素的限制，我们的调查对象主要是在校高职生，而那些毕业一年之内的高职生的相关情况主要通过有关省市的高校毕业生就业质量报告中的数据来反映，作为我们研究资料的有益补充。

三、调查样本

运用《高职生职业价值观调查问卷》，采取随机抽样的方式在安徽合肥、芜湖、蚌埠、宿州等地6所高职院校共发放750份问卷，回收694份有效问卷，有效率92.5%。具体数据见表1、表2和表3。

表1　研究对象构成（一）

年级	性别	所学专业		总计
		理工	文史	
大一	男	174	7	181
	女	52	44	96
大二	男	16	57	73
	女	17	186	203
大三	男	100	7	107
	女	14	20	34
总计		373	321	694

表2　研究对象构成（二）

| 年级 | 性别 | 是否是独生子女 | | 总计 |
		是	否	
大一	男	76	105	181
	女	10	86	96
大二	男	41	32	73
	女	39	164	203
大三	男	36	71	107
	女	12	22	34
总计		214	480	694

表3　研究对象构成（三）

| 年级 | 性别 | 家庭所在地 | | | | | 总计 |
		省会以上	地级市	县城（县级市）	乡镇	农村	
大一	男	12	12	34	21	102	181
	女	3	9	17	20	47	96
大二	男	8	6	11	16	32	73
	女	5	30	21	41	106	203
大三	男	6	12	18	12	59	107
	女	5	2	9	2	16	34
总计		39	71	110	112	362	694

四、调查数据处理

首次调查所得数据处理主要是运用频数和百分比这两种基础统计方法，就调查问卷中的数据进行统计分析，此处从略。

第二部分：第二次调查概述

本部分笔者主要从调查目的、调查内容和调查方式、调查样本、调查数据处理四个方面对第二次调查的基本情况加以介绍。

一、调查目的

第二次调查的主要目的是对筛选并保留的有效条目进行探索性因素分析，以探索高职生职业价值观的内在结构，最后形成高职生职业价值观预测量表。依据测量学相关理论，经过探索性因素分析所得到的预试量表的结构尚需进行第三次调查，以便后续的验证性因素分析，形成最终的高职生职业价值观的正式量表。因此，第二次调查数据的搜集和统计技术处理，虽然是过渡性的步骤，但更是关键性的步骤。因为第二次调查所得到的高职生职业价值观预试量表的结构是否符合测量学有关指标的要求，直接影响第三次调查所得结论的信度和效度。

二、调查内容和调查方式

笔者根据国内外大学生职业价值观研究的理论成果和有关量表，结合访谈、调查和专家意见，并依据理论维度构想，共编写91个条目，其中主体需要层面的生活维护6个条目、岗位期望13个条目、个性匹配9个条目、自我能动6个条目；职业偏好层面的职业声望12个条目、晋升知觉6个条目、工作创新6个条目、创业认知6个条目；互动感观层面的组织气质6个条目、道德规范9个条目、团队维护12个条目，其中10个反向计分条目分别为：36、69、75、77、78、80、81、85、88、91。

就调查方式而言，主要采用在线团体施测法，主试人员为辅导员或班级任课教师，在施测前对施测人员进行培训指导，强调施测注意事项。由辅导员或任课教师在班级会议期间或上课课间休息期间，向高职生提供网络链接网址，并强调问卷作答的注意事项，让高职生现场作答或在闲暇时间作答，辅导员或任课教师实施事后督促作答。

三、调查样本

研究采取随机抽样的方式进行，笔者在安徽合肥、蚌埠、芜湖、马鞍山等地5所高职院校共发放526份问卷，回收498份有效问卷，有效率约为94.68%。具体数据见表4、表5和表6。

表4　研究对象构成（一）

年级	性别	所学专业		总计
		理工	文史	
大一	男	120	6	126
	女	35	30	65
大二	男	13	45	58
	女	15	133	148
大三	男	71	6	77
	女	11	13	24
总计		265	233	498

表5　研究对象构成（二）

年级	性别	是否是独生子女		总计
		是	否	
大一	男	54	72	126
	女	6	59	65
大二	男	29	29	58
	女	26	122	148
大三	男	28	49	77
	女	8	16	24
总计		151	347	498

表6　研究对象构成（三）

年级	性别	家庭所在地					总计
		省会以上	地级市	县城（县级市）	乡镇	农村	
大一	男	10	10	23	16	67	126
	女	2	8	12	12	31	65
大二	男	6	6	8	12	26	58
	女	4	18	19	29	78	148
大三	男	5	7	17	8	40	77
	女	3	2	6	2	11	24
总计		30	51	85	79	253	498

四、调查数据处理

采用SPSS 22.0进行问卷的项目分析和探索性因素分析。数据的处理主要包括两个层面的统计技术运用：一是对全部题目进行项目分析，删除未达到技术标准的条目；二是对余下条目逐步进行探索性因素分析，每次删除一条未达到技术标准的条目，直至剩余条目全部达到技术标准，形成最终的正式量表。

（一）项目分析

主要运用标准差、临界比、题总相关、信度检验及共同性和因素负荷等有关技术标准，对全部题目进行项目分析。

1. 标准差

标准差的大小反映样本数据的离散程度，标准正态分布的标准差为1。如果调查数据的标准差太小说明样本数据过于集中，标准差太大说明样本数据过于分散。样本数据过于集中或过于分散，项目分析结论的可靠性均不理想。本研究所选取条目的标准差的取值均属于区间范围：$1-0.25 \leqslant$ 标准差 $\leqslant 1+0.25$，即 $0.75 \leqslant$ 标准差 $\leqslant 1.25$。对于标准差处于这个区间范围之外的条目则予以删除，删除的条目包括：4（标准差=0.729）、5（标准差=0.668）、9（标准差=0.742）、11（标准差=0.732）、18（标准差=1.271）、65（标准差=0.724）、75（标准差=1.407）、77（标准差=1.329）、78（标准差=1.403）、82（标准差=0.707）、84（标准差=0.701）、90（标准差=0.710）。保留条目的标准差达到要求，此处从略。

2. 决断值

当测试分数呈正态分布或近似正态分布时可以高低分组求决断值，即临界比（简称CR）。通常以27%作为分组标准，此时鉴别的准确性较高。可以把被试的预试总得分由高到低进行排序，其中前27%的被试构成高分组，后27%的被试构成低分组，剩余的中间分数段的被试构成中分组。本研究中高分组得分范围386～443，低分组得分范围170～338。对每一个条目依据高分组与低分组的得分进行独立样本T检验，得到每一个条目的 t 值和 p 值，做决断时要删除差异不显著（ $p \geqslant 0.05$ ）或虽达到显著水平（ $p < 0.05$ ），但 t 值的绝对值小于或等于3.00的条目，删除的条目有75（ $t = -1.363$ ， $p = 0.174$ ）、77（ $t = -2.140$ ， $p = 0.033$ ）、78（ $t = -1.093$ ， $p = 0.276$ ）、80（ $t = -2.137$ ， $p = 0.034$ ）、88（ $t = -0.555$ ， $p = 0.579$ ）、91（ $t = -1.269$ ， $p = 0.206$ ），其余条目的高、低分组的得分差异均达到非常高的显著水平（ $p = 0.000$ ），且 t 的绝对值均大于3.00，这些条目予以保留。

3. 题总相关

量表的同质性还可以用条目与量表总分的相关系数来表征。通常认为相关系数 r 要达到显著性水平（ $p < 0.05$ ），且相关系数 $|r| \geqslant 0.40$ ，而条目的相关系数 r 未达到显著性水平（ $p \geqslant 0.05$ ），或虽然达到显著水平但相关系数 $|r| < 0.40$ ，则这个条目通常需要删除[①]。根据这个准则，本研究中需要删除的条目主要有：3（ $r = 0.264$ ， $p < 0.001$ ）、18（ $r = 0.255$ ， $p < 0.001$ ）、33（ $r = 0.387$ ， $p < 0.001$ ）、49（ $r = 0.343$ ， $p < 0.001$ ）、69（ $r = -0.196$ ， $p < 0.001$ ）、75（ $r = -0.333$ ， $p < 0.001$ ）、76（ $r = 0.311$ ， $p < 0.001$ ）、77（ $r = -0.370$ ， $p < 0.001$ ）、78（ $r = -0.343$ ， $p < 0.001$ ）、80（ $r = 0.092$ ， $p < 0.001$ ）、81（ $r = -0.149$ ， $p < 0.001$ ）、85（ $r = 0.164$ ， $p < 0.001$ ）、88（ $r = -0.328$ ， $p < 0.001$ ）、91（ $r = -0.298$ ， $p < 0.001$ ）。

4. 信度检验

信度也可用作量表同质性评判的标准之一。在社会科学研究领域多采用克隆巴赫 α 系数（又称内部一致性系数）作为信度的测量手段。在某个条目删除以后，如果量表总体的克隆巴赫 α 系数比该条目未删除时量表的信度变大或不变，则该条目与其他剩余条目所要测量的心理特质往往并不相同，这个条目通常需要删除；反之，条目则予以保留。人们把条目与其余条目构成的总量表的相关系数称为修正的项目总相关系数，如果这个相关系数的绝对值小于0.40，则该条目通常也需要删除。本研究中，总量表

---

① 吴明隆．问卷统计分析实务：SPSS操作与应用[M]．重庆：重庆大学出版社，2010：181．

的内部一致性系数为0.954，删除条目后内部一致性系数α变大或不变的条目有：1、2、3、5、15、18、33、36、49、69、75、76、77、78、79、80、81、83、85、88、91。条目与题总修正相关系数绝对值小于0.40的条目有：1、2、3、15、18、33、49、69、75、76、77、78、80、81、85、88、91。结合"删条目后内部一致性系数变大或不变的条目应予以删除"和"与题总修正相关系数绝对值小于0.40的条目应予以删除"这两条准则，本研究中需要删除条目包括：1（与题总修正相关系数绝对值0.397，删题后量表α系数0.954）、2（与题总修正相关系数绝对值0.398，删题后量表α系数0.954）、3（与题总修正相关系数绝对值0.237，删题后量表α系数0.954）、5（与题总修正相关系数绝对值0.453，删题后量表α系数0.954）、15（与题总修正相关系数绝对值0.398，删题后量表α系数0.954）、18（与题总修正相关系数绝对值0.223，删题后量表α系数0.954）、33（与题总修正相关系数绝对值0.361，删题后量表α系数0.954）、36（与题总修正相关系数绝对值0.483，删题后量表α系数0.956）、49（与题总修正相关系数绝对值0.319，删题后量表α系数0.954）、69（与题总修正相关系数绝对值0.228，删题后量表α系数0.956）、75（与题总修正相关系数绝对值0.095，删题后量表α系数0.956）、76（与题总修正相关系数绝对值0.284，删题后量表α系数0.954）、77（与题总修正相关系数绝对值0.124，删题后量表α系数0.956）、78（与题总修正相关系数绝对值0.082，删题后量表α系数0.956）、79（与题总修正相关系数绝对值0.426，删题后量表α系数0.954）、80（与题总修正相关系数绝对值0.121，删题后量表α系数0.955）、81（与题总修正相关系数绝对值0.177，删题后量表α系数0.956）、83（与题总修正相关系数绝对值0.413，删题后量表α系数0.954）、85（与题总修正相关系数绝对值0.196，删题后量表α系数0.956）、88（与题总修正相关系数绝对值0.087，删题后量表α系数0.956）、91（与题总修正相关系数绝对值0.069，删题后量表α系数0.955）。

5. 因素负荷及共同性

本研究采用取样适切性量数（KMO）来判断题项间能不能进行因素分

析，具体判别标准见表7。

表7　KMO指标值的判断准则

KMO值	判别说明	因素分析适切性
0.90以上	极适合进行因素分析	极佳的
0.80~0.90	适合进行因素分析	良好的
0.70~0.80	尚可进行因素分析	适中的
0.60~0.70	勉强可进行因素分析	普通的
0.50~0.60	不适合进行因素分析	欠佳的
0.50以下	非常不适合因素分析	无法接受的

本研究中KMO值为0.948，球形检验χ^2值为29936.590，自由度df=4095，概率值p=0.000，特征值为27.199，累计解释量表的方差值为29.890%，适合进行因素分析[①]，限定抽取一个共同因素，"通常因素负荷指标的删除标准为小于0.45，……共同性指标的删除标准为小于0.20"[②]。本研究中共同性小于0.2的条目或因素负荷绝对值小于0.45的条目有：1（共同性0.173，因素负荷绝对值0.416）、2（共同性0.173，因素负荷绝对值0.416）、3（共同性0.059，因素负荷绝对值0.244）、18（共同性0.088，因素负荷绝对值0.296）、33（共同性0.186，因素负荷绝对值0.432）、49（共同性0.139，因素负荷绝对值0.373）、69（共同性0.095，因素负荷绝对值0.307）、75（共同性0.045，因素负荷绝对值0.212）、76（共同性0.119，因素负荷绝对值0.345）、77（共同性0.065，因素负荷绝对值0.256）、78（共同性0.047，因素负荷绝对值0.217）、80（共同性0.053，因素负荷绝对值0.230）、81（共同性0.079，因素负荷绝对值0.282）、85（共同性0.089，因素负荷绝对值0.298）、88（共同性0.042，因素负荷绝对值0.206）、91（共同性0.037，因素负荷绝对值0.193）。

综合以上结果，最后删除28个条目，删除的具体条目为1、2、3、4、

[①] 吴明隆.问卷统计分析实务：SPSS操作与应用[M].重庆：重庆大学出版社，2010：217.

[②] 吴明隆.问卷统计分析实务：SPSS操作与应用[M].重庆：重庆大学出版社，2010：190.

5、9、11、15、18、33、36、49、65、69、75、76、77、78、79、80、81、82、83、84、85、88、90、91。保留63个条目进行探索性因素分析，保留的63个条目包括：6、7、8、10、12、13、14、16、17、19、20、21、22、23、24、25、26、27、28、29、30、31、32、34、35、37、38、39、40、41、42、43、44、45、46、47、48、50、51、52、53、54、55、56、57、58、59、60、61、62、63、64、66、67、68、70、71、72、73、74、86、87、89。

（二）探索性因素分析

运用主成分分析、最大变异直交转轴法，并采用如下项目筛选标准[①]（见表8）对剩下的63个条目进行重复性探索性因素分析，最终删除了29个条目，保留34个条目，形成了最终正式量表。

1. 项目筛选准则

项目筛选准则具体见表8。

表8 探索性因素分析准则

评判对象	评判标准
因素特征值	>1
因素负荷量	>0.45
因素解释总变异百分比	≥5.00%
因子包含条目数	≥3
陡坡检验图	取坡线剧升的因素个数
因子条目可解释性	负荷多个因子，理论上无法解释的条目予以删除

2. 因素命名

量表最终共保留34个条目，KMO值为0.927，球形检验χ^2值为9268.008，自由度df=561，概率值p=0.000，量表共抽取9个因素，累计解释总变异百分比为69.383%，具体数据见表9。

---

① 吴明隆.问卷统计分析实务：SPSS操作与应用[M].重庆大学出版社，2010：204-208.

对最终量表所包含的34个条目采用"主成分、直交法、特征值大于1"的萃取方法进行探索性因素分析，发现：因素1包含4个条目，表示的是在组织内部工作机制、工作氛围和组织成员之间相处、合作以及团队凝聚力等方面较为正向的、积极的心理状态，命名为组织气质；因素2包含4个条目，表示的是个体在目标工作岗位与个人兴趣、爱好、特长、天赋及想象力等方面相匹配的心理希冀状态，命名为个性匹配；因素3包含4个条目，表示的是对工作内容或工作任务在技术创新、产品（作品）创新、服务创新及创新想象力等方面的心理状态，命名为工作创新；因素4包含4个条目，表示的是在晋升条件、晋升制度、晋升空间和晋升意识方面的心理状态，命名为晋升知觉；因素5包含4个条目，表示是在单位规模、单位知名度、职业社会地位、个人受重视程度、个人工作空间等方面的心理状态，命名为职业声望；因素6包含4个条目，表示的是在创业机会、创业调研、创业方案设计、创业选择、创新创业关注等方面的心理状态，命名为创业认知；因素7包含4个条目，表示的是个体在工作强度、工作压力、家长和社会期望、人际关系发展、法定节假日休息权利等方面对工作岗位的期望，命名为岗位期望，因素8包含3个条目，表示的是对工作环境的道德维护、工作任务或工作方式是否损害社会公共利益、是否与社会公德或社会公共原则存在冲突等在道德认知视角的心理状态，命名为道德规范；因素9包含3个条目，表示的是个体对自我意识能动性和个性自我调整能动性在工作氛围、工作内容或工作任务等方面加以实施可行性的心理认知，命名为自我能动。

仔细观察量表陡坡检验图（图1），可以发现自横坐标为4起，后面的曲线开始趋于"平缓"，而自横坐标为3起，前面的曲线变化明显陡峭和急剧，因此也可以考虑对保留的34个条目再进行3个维度的探索性因素分析。对最终保留的34个条目，采用"主成分、直交法、要萃取的因子等于3"的萃取方式再进行进一步的探索性因素分析，发现3个维度的特征值分别为12.057、2.486和2.084，解释变量变异贡献率分别为18.568%、16.948%和13.385%，而KMO值0.927和Bartlett球形检验χ^2值9268.008（df

=561，*p* = 0.000）均保持不变，且"特征值大于1"和"解释变量变异贡献率大于5%"，符合探索性因素分析的相关要求。因此，可以对量表34个条目再进行"主成分、直交法和限定3个萃取因子"的探索性因素分析，发现在先前进行探索性因素分析所得到的9个因素（从因素1到因素9）形成了这样的维度划分，其中：因素2包含的4个条目、因素7包含的4个条目和因素9包含的3个条目均归为第一个"同一层面"，这11个条目反映的是个体从"主体需要"出发对职业或工作岗位在个性匹配、岗位期望和自我能动等方面的心理投射，可以命名为"主体需要"；因素3包含的4个条目、因素4包含的4个条目、因素5包含的4个条目和因素6包含的4个条目均归为第二个"同一层面"，这16个条目反映的是个体从职业或工作岗位内在属性视角对其在工作创新、晋升知觉、职业声望、创业认知等方面的心理投射，可以命名为"职业偏好"；因素1包含的4个条目和因素8包含的3个条目均归为第三个"同一层面"，这7个条目反映的是个体从"互动感观"视角对单位或团队在工作环境、工作内容或工作任务等方面所印证的组织气质、道德规范的心理投射，可以命名为"互动感观"。

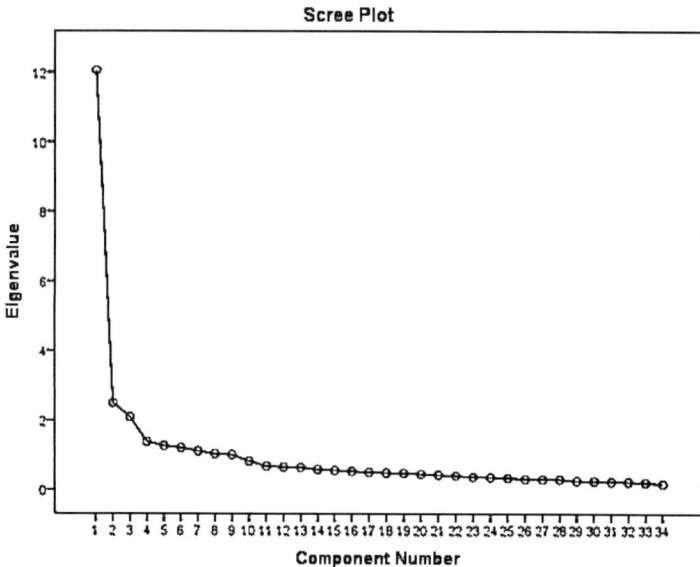

图1　量表陡坡检验图

表9　量表探索性因素分析

		题项	共同性	因素负荷
主体需要层面（A）	A1个性匹配（特征值2.486,解释总变异百分比9.294%)	V61.工作符合自己兴趣、爱好	0.800	0.808
		V63.工作能发挥自己特长	0.752	0.755
		V57.自己在该工作领域有天分	0.695	0.675
		V60.能够围绕工作主题进行丰富的想象	0.657	0.641
	A2岗位期望（特征值1.108,解释总变异百分比6.585%)	V50.工作强度或压力不大	0.689	0.773
		V55.工作符合家长和社会的期望	0.610	0.593
		V54.可以发展出对日后有帮助的人际关系	0.641	0.585
		V47.在单位能享受:法定节假日、每周双休	0.613	0.569
	A3自我能动（特征值1.000,解释总变异百分比5.258%)	V68.如果工作与自己个性不相符,愿意调整自我	0.750	0.768
		V67.相信自我意识能改变工作氛围	0.662	0.611
		V66.相信工作氛围能改变自我意识	0.633	0.608
职业偏好层面（B）	B1职业声望（特征值1.255,解释总变异百分比8.030%)	V14.工作能提高自己的社会地位	0.740	0.772
		V16.工作能使自己受到重视	0.697	0.738
		V17.工作能使自己享受充足的个人空间(如独立办公室等)	0.711	0.719
		V13.工作单位规模大、知名度高	0.615	0.645
	B2晋升知觉（特征值1.376,解释总变异百分比8.515%)	V22.入职前有设计自己晋升方案的意识	0.715	0.765
		V23.入职后会尽快熟悉单位晋升制度	0.759	0.764
		V24.入职后有尽快准备晋升必备条件的意识	0.721	0.739
		V21.入职前会初步评估自己在该单位的晋升空间	0.723	0.733
	B3工作创新（特征值2.084,解释总变异百分比8.672%)	V26.工作能开发出新技术	0.763	0.775
		V27.工作能创造出新颖而有价值的产品或作品	0.776	0.767
		V28.工作能创造出引领社会消费潮流的新服务(如共享单车等)	0.699	0.730
		V29.能围绕工作主题进行丰富的想象	0.670	0.653
	B4创业认知（特征值1.199,解释总变异百分比6.639%)	V31.一旦发现机会,会迅速开展调研,并创造条件去创业	0.624	0.711
		V32.会与团队其他成员认真讨论创业方案的可行性	0.684	0.691
		V35.要创业会首选互联网经济(如:开网店、经营共享单车等)	0.525	0.598

		题项	共同性	因素负荷
		V34.创业需要追求技术、产品或服务的创新	0.514	0.561
互动感观层面（C）	C1组织气质（特征值12.057,解释总变异百分比10.337%）	V38.希望工作团队的凝聚力强	0.791	0.842
		V37.希望能与同事合作愉快	0.774	0.833
		V41.单位同事要有团队协作意识	0.750	0.796
		V42.单位内部有公平竞争的机制和氛围	0.642	0.647
	C2道德规范（特征值1.026,解释总变异百分比6.054%）	V72.工作环境不容易使人腐败或虚伪	0.710	0.775
		V74.工作与社会公德或社会公共原则不相冲突	0.756	0.702
		V71.工作任务或工作方式不损害社会公共利益	0.730	0.668
累计解释总变异百分比			69.383%	

3. 量表信度

信度是指量表的稳定性和可靠性程度，对量表信度的评判准则，可参照表10。

表10　量表信度评判准则[①]

信度取值	相应评判
0.900以上	非常理想
0.800～0.900	甚佳
0.700～0.799	较好
0.600～0.699	尚可
0.500～0.599	偏低
0.500以下	欠佳,需要删除

本研究中总量表和分量表内部一致性系数和分半信度在0.625～0.906，量表的信度较好，说明这个高职生职业价值观的测量工具稳定、可信。具体数据见表11。

---

① 吴明隆.问卷统计分析实务:SPSS操作与应用[M].重庆:重庆大学出版社,2010:244.

表11　量表信度（9维度）

量表	内部一致性系数	分半信度
主体需要层面(A)	0.883	0.847
个性匹配(A1)	0.872	0.851
岗位期望(A2)	0.767	0.713
自我能动(A3)	0.707	0.625
职业偏好层面(B)	0.906	0.859
职业声望(B1)	0.824	0.771
晋升知觉(B2)	0.867	0.833
工作创新(B3)	0.872	0.858
创业认知(B4)	0.706	0.679
互动感观层面(C)	0.855	0.874
组织气质(C1)	0.874	0.877
道德规范(C2)	0.777	0.644
总量表	0.942	0.913

4. 区分效度

量表的区分效度可以通过相关系数来评判。相关系数表示变量与变量之间的关联性程度，系数取值在 $-1 \sim 1$。因素分析理论认为，因子间相关系数过高表示因子之间可能存在重合，而相关系数过低则表明量表测得的结果可能并不是同一特质。因此，量表因子之间最好存在中等程度的相关。因子之间的相关系数在 $0.10 \sim 0.60$，测量工具的信度令人满意。对量表相关性的评判准则[①]，参照表12。

表12　量表相关性评判准则

相关系数绝对值	关联程度
$r < 0.40$	低度相关
$0.4 \leqslant r \leqslant 0.70$	中度相关
$r \geqslant 0.70$	高度相关

本研究中各因子分量表与总量表的相关系数在 $0.647 \sim 0.784$，各因子间的相关系数在 $0.309 \sim 0.636$，且各层面分量表与总量表的相关系数在

① 吴明隆.问卷统计分析实务：SPSS操作与应用[M].重庆：重庆大学出版社，2010：329.

0.743～0.924，各层面间的相关系数在0.547～0.689，每个相关系数均达到 $p<0.001$ 很好的显著性水平。这表明各因子既表征量表所测量的共同特质，又具有一定的独立性，能很好地测量同一特质的不同维度。具体数据见表13和表14。

表13　总量表与各个层面因子间相关（3维度）

	总量	主体需要层面	职业偏好层面	互动感观层面
总量	1			
主体需要层面	0.885***	1		
职业偏好层面	0.924***	0.689***	1	
互动感观层面	0.743***	0.600***	0.547***	1

注:*表示 $p<0.05$；**表示 $p<0.01$；***表示 $p<0.001$。

表14　总量表与各个维度因子间相关（9维度）

	总量	A1	A2	A3	B1	B2	B3	B4	C1	C2
总量	1									
A1	0.765***	1								
A2	0.750***	0.636***	1							
A3	0.719***	0.545***	0.488***	1						
B1	0.738***	0.504***	0.466***	0.493***	1					
B2	0.732***	0.424***	0.434***	0.450***	0.484***	1				
B3	0.784***	0.525***	0.504***	0.517***	0.574***	0.538***	1			
B4	0.701***	0.408***	0.411***	0.440***	0.480***	0.522***	0.523***	1		
C1	0.652***	0.395***	0.459***	0.399***	0.309***	0.456***	0.439***	0.399***	1	
C2	0.647***	0.487***	0.475***	0.438***	0.351***	0.421***	0.381***	0.310***	0.527***	1

注:*表示 $p<0.05$；**表示 $p<0.01$；***表示 $p<0.001$。

第三部分：第三次调查概述

根据测量学要求，对高职生职业价值观预测量表进行探索性因素分析以后，符合测量学指标要求的条目保留下来，所保留下来的新条目组成一个更为简约化的新量表，还需要重新选择被试运用这个新量表进行第三次调查，再运用新调查所得数据，建立结构方程模型，运用AMOS统计软件进行新量表的验证性因素分析。只有再次满足测量学的各项指标要求，才能作为最终的正式量表以满足调查研究的科学性要求，从而进行高职生职业价值观的分析。本部分主要从调查目的、调查内容和调查方式、调查样本、调查数据处理等四个方面对第三次调查的基本情况加以介绍。

一、调查目的

第三次调查的主要目的是全面运用满足测量学各项指标要求的高职生职业价值观正式量表做问卷调查，运用调查所得到的数据分析量表的信度、效度，并采用验证性因素分析检验量表的构念效度，验证高职生职业价值观量表的结构模型，为高职生职业价值观研究提供有效的测量工具，从而调查高职生职业价值观的各项性状，并能依据这些具体的变量：性别、年级、专业、家庭教养方式、个体对薪资水平的认知、个体对个人职业抱负的认知等，进行高职生职业价值观的差异分析，以探讨不同变量对于高职生职业价值观的影响是否存在显著性差异，而这些都是百分比和频数统计不能得到的结论，并依据这些结论可以较为严谨地探讨高职生职业价值观的教育问题。

二、调查内容和调查方式

由前期预测问卷进行一系列分析、探索所得到的34个条目，从"主体需要""职业偏好"和"互动感观"三个维度，按各个因子在各个维度中的排列顺序，对各个因子所构成的条目按维度的先后顺序进行交叉排列，构成高职生职业价值观正式问卷。为了便于进行正式量表的验证性因素分析，对量表条目进行重新编码，其中主体需要层面的11个条目分别编码为a01至a11，职业偏好层面的16个条目分别编码为b01至b16，互动感观层面的7个条目分别编码为c01至c07。按各个维度排列顺序对正式量表34个条目进行交错排列，配以量表导语等内容以作为正式量表的最终版本，进行正式量表的数据调查，并据此进行验证性因素分析。

就调查方式而言，第三次调查采用随机选取被试，并剔除预测问卷已经使用的被试团体，依然采用在线团体施测法，主试人员为辅导员和班级任课教师，在施测前对施测人员进行必要的培训指导，强调施测注意事项。由辅导员或任课教师在班级会议期间或课间休息时间，向高职生提供网络链接网址，并强调问卷作答的注意事项，让高职生现场作答或事后在闲暇时间作答，辅导员或任课教师实施事后督促作答。

三、调查样本

研究采取随机抽样的方式，在安徽合肥、芜湖、蚌埠、宿州、马鞍山，广东云浮，河南郑州等地的9所高职院校大一、大二、大三年级共发放1015份问卷，回收980份有效问卷，有效率96.55%。具体数据见表15、表16和表17。

表15 研究对象构成（一）

年级	性别	所学专业		总计
		理工	文史	
大一	男	136	72	208
	女	28	234	262
大二	男	100	17	117
	女	119	36	155
大三	男	114	36	150
	女	26	62	88
总计		523	457	980

表16 研究对象构成（二）

年级	性别	是否独生子女		总计
		是	否	
大一	男	83	125	208
	女	59	203	262
大二	男	47	70	117
	女	32	123	155

年级	性别	是否独生子女		总计
		是	否	
大三	男	54	96	150
	女	15	73	88
总计		290	690	980

表17　研究对象构成(三)

年级	性别	家庭所在地					总计
		省会以上	地级市	县城(县级市)	乡镇	农村	
大一	男	12	29	42	25	100	208
	女	8	30	60	41	123	262
大二	男	10	14	21	17	55	117
	女	5	22	24	34	70	155
大三	男	10	17	32	15	76	150
	女	6	13	16	12	41	88
总计		51	125	195	144	465	980

四、调查数据处理

第三次调查的数据处理采用SPSS 22.0和AMOS22.0进行正式问卷的信度、区分效度检验和结构效度检验，即验证性因素分析。

(一)量表信度

前期预试问卷调查研究中总量表和分量表内部一致性系数和分半信度在0.625～0.906，正式量表测量中总量表和分量表内部一致性系数和分半信度在0.565～0.938，结果表明高职生职业价值观正式量表信度较好，稳定性和一致性较好，符合心理学测量标准。具体数据见表18。

表18　量表信度

量表	内部一致性系数	分半信度
主体需要层面(A)	0.855	0.803
个性匹配(A1)	0.828	0.777
岗位期望(A2)	0.658	0.565
自我能动(A3)	0.697	0.576
职业偏好层面(B)	0.889	0.858
职业声望(B1)	0.790	0.712
晋升知觉(B2)	0.841	0.788
工作创新(B3)	0.851	0.824
创业认知(B4)	0.782	0.678
互动感观层面(C)	0.856	0.856
组织气质(C1)	0.856	0.838
道德规范(C2)	0.728	0.575
总量表	0.938	0.896

(二)量表效度

在问卷编制阶段，将各条目交由专家审读，预测问卷的条目已经满足内容效度的基本要求，这里主要探讨量表的区分效度和结构效度问题。

1. 区分效度

前期预试问卷调查研究中各因子分量表与总量表的相关系数在0.647~0.784，各因子间的相关系数在0.309~0.636，且各层面分量表与总量表的相关系数在0.743~0.924，各层面间的相关系数在0.547~0.689，每个相关系数均小于0.001。正式量表测量中各因子分量表与总量表的相关系数在0.477~0.801，各因子间的相关系数在0.232~0.631，且各层面分量表与总量表的相关系数在0.788~0.925，各层面间的相关系数在0.586~0.731，每个相关系数也均小于0.001。这表明各因子既表征量表所测量的共同特质，又具有一定的独立性，能很好地测量同一特质的不同维度，具有比较好的区分效度。具体数据见表19和表20。

表19　总量表与各个维度因子间相关

	总量	A1	A2	A3	B1	B2	B3	B4	C1	C2
总量	1									
A1	0.794***	1								
A2	0.738***	0.594***	1							
A3	0.727***	0.546***	0.467***	1						
B1	0.749***	0.555***	0.499***	0.501***	1					
B2	0.764***	0.530***	0.451***	0.501***	0.567***	1				
B3	0.801***	0.578***	0.563***	0.522***	0.631***	0.578***	1			
B4	0.477***	0.261***	0.233***	0.296***	0.232***	0.278***	0.291***	1		
C1	0.720***	0.515***	0.475***	0.485***	0.370***	0.528***	0.475***	0.273***	1	
C2	0.682***	0.512***	0.463***	0.499***	0.373***	0.463***	0.418***	0.243***	0.587***	1

表20　总量表与各个层面因子间相关

	总量表	主体需要层面	职业偏好层面	互动感观层面
总量表	1			
主体需要层面	0.905***	1		
职业偏好层面	0.925***	0.731***	1	
互动感观层面	0.788***	0.660***	0.586***	1

注：*表示 $p < 0.05$；**表示 $p < 0.01$；***表示 $p < 0.001$。

2. 结构效度

验证性因素分析是通过建立结构方程模型验（SEM），运用调查数据以验证量表的理论构想。在评价假设模型（理论模型）与实际数据的适配性程度时，有多种分析指标，将适配度指数分为三种：①绝对适配度指数——模型适配后未被解释的变异量的大小，主要包括 χ^2 值、GFI值、AGFI值、RMSEA值等；②增值适配度指数——将待检验的假设模型与基线模型适配度加以比较，以判别模型的契合度，主要包括NFI值、IFI值、

CFI值等；③简约适配度指数——表征与调查数据相适配的模型的简约性程度，主要包括NC（χ^2自由度比值）、CN值、FGFI值、PNFI值、AIC值等[1]。各项指标的评价标准见表21。

表21　SEM整体模型适配度的评价指标及其评价标准

	统计检验量	适配的标准或临界值
绝对适配度指数	χ^2	$p>0.05$
	GFI	$p>0.90$
绝对适配度指数	AGFI	$p>0.90$
	RMSEA	$p<0.05$
	ECVI	理论模型小于独立模型且小于饱和模型
增值适配度指数	NFI	$p>0.90$
	TLI	$p>0.90$
	CFI	$p>0.90$
简约适配度指数	PGFI	$p>0.50$
	CN	$p>200$
	NC	1<NC<3,表示模型适配度佳 NC>5,表示模型需要修正
	AIC	理论模型小于独立模型且小于饱和模型
	CAIC	理论模型小于独立模型且小于饱和模型

（三）量表验证性因素分析

本研究采用极大似然法，直交模型，用AMOS23.0对量表进行验证性因素分析，结果显示：①高职生职业价值观总结构的一阶验证性因子理论模型各项指标均符合评价标准，χ^2/df值为1.817，GFI值为0.955，AGFI值为0.938，PGFI值为0.695，CFI值为0.977，RMSEA值为0.029，而且理论模型的AIC值与ECVI值均小于独立模型和饱和模型；②高职生职业价值观总结构的二阶验证性因子理论模型各项指标均符合评价标准，χ^2/df值为1.988，GFI值为0.944，AGFI值为0.929，PGFI值为0.750，CFI值为0.969，

① 吴明隆.结构方程模型:AMOS的操作与应用[M].重庆:重庆大学出版社,2010:52.

RMSEA值为0.032，而且理论模型的AIC值与ECVI值均小于独立模型和饱和模型；③高职生职业价值观主体需要层面的一阶验证性因子理论模型各项指标均符合评价标准，χ^2/df值为1.838，GFI值为0.987，AGFI值为0.977，PGFI值为0.568，CFI值为0.990，RMSEA值为0.029，而且理论模型的AIC值与ECVI值均小于独立模型和饱和模型；④高职生职业价值观职业偏好层面的一阶验证性因子理论模型各项指标均符合评价标准，χ^2/df值为1.969，GFI值为0.978，AGFI值为0.966，PGFI值为0.647，CFI值为0.987，RMSEA值为0.031，而且理论模型的AIC值与ECVI值均小于独立模型和饱和模型；⑤高职生职业价值观互动感观层面的一阶验证性因子理论模型各项指标均符合评价标准，χ^2/df值为1.739，GFI值为0.996，AGFI值为0.986，PGFI值为0.528，CFI值为0.998，RMSEA值为0.027，而且理论模型的AIC值与ECVI值均小于独立模型和饱和模型。同时在本研究中，各个理论模型里的每个因子，包括a01～a11、b01～b16、c01～c07，以及个性匹配、岗位期望、自我能动、职业声望、晋升知觉、工作创新、创业认知、组织气质和道德规范等，它们在相应理论模型中的各个回归权重均达到很好的显著性水平（$p<0.001$）。这些良好的指标表明理论模型的适配度甚佳，高职生职业价值观正式量表具有很好的构念效度。各个理论模型适配度具体指标见表22、表23、表24、表25和表26。

表22　职业价值观总结构一阶验证性因子分析相关指标

	χ^2/df	GFI	AGFI	PGFI	CFI	RMSEA	AIC	ECVI
理论模型	1.817	0.955	0.938	0.695	0.977	0.029	1110.796	1.135
饱和模型	—	1.000	—	—	1.000	—	1190.000	1.216
独立模型	28.094	0.220	0.172	0.207	0.000	0.166	15828.842	16.168

表23　职业价值观总结构二阶验证性因子分析相关指标

	χ^2/df	GFI	AGFI	PGFI	CFI	RMSEA	AIC	ECVI
理论模型	1.988	0.944	0.929	0.750	0.969	0.032	1184.158	1.210
饱和模型	—	1.000	—	—	1.000	—	1190.000	1.216

	χ^2/df	GFI	AGFI	PGFI	CFI	RMSEA	AIC	ECVI
独立模型	28.094	0.220	0.172	0.207	0.000	0.166	15828.842	16.168

表24　主体需要层面一阶验证性因子分析相关指标

	χ^2/df	GFI	AGFI	PGFI	CFI	RMSEA	AIC	ECVI
理论模型	1.838	0.987	0.977	0.568	0.990	0.029	125.836	0.129
饱和模型	—	1.000	—	—	1.000	—	132.000	0.135
独立模型	61.424	0.430	0.316	0.359	0.000	0.248	3400.304	3.473

表25　职业偏好层面一阶验证性因子分析相关指标

	χ^2/df	GFI	AGFI	PGFI	CFI	RMSEA	AIC	ECVI
理论模型	1.969	0.978	0.966	0.647	0.987	0.031	269.194	0.275
饱和模型	—	1.000	—	—	1.000	—	272.000	0.278
独立模型	57.238	0.336	0.247	0.296	0.000	0.240	6900.541	7.049

表26　互动感观层面一阶验证性因子分析相关指标

	χ^2/df	GFI	AGFI	PGFI	CFI	RMSEA	AIC	ECVI
理论模型	1.739	0.996	0.986	0.528	—	0.027	53.910	0.055
饱和模型	—	1.000	—	—	1.000	—	56.000	0.057
独立模型	144.659	0.413	0.217	0.310	0.000	0.383	3051.842	3.117